Deftige Fleischgerichte

Deftige Fleischgerichte
© Tandem Verlag GmbH, Birkenstraße 10, 14469 Potsdam
Alle Rechte vorbehalten
zusammengestellt von Gisela Muhr für NOVA Libra medien, Köln
Einbandgestaltung: Marlies Müller
Layout & Satz: Derek Gotzen und Ulrike Jasser für NOVA Libra medien, Köln

Gesamtherstellung: Tandem Verlag GmbH, Potsdam

ISBN 978-3-8427-0430-5

Einleitung

Wenn Sie mal wieder eine Landpartie machen, schauen Sie sich bewusst die schönen, alten Bauernhäuser oder die gepflegten Hausgärten an. Wie schaffen die das, und wer kümmert sich eigentlich darum? Welcher Großstädter weiß schon, welche Kraft in den Dörfern, auf dem flachen Lande steckt: bei den Landfrauen! Wussten Sie, dass es in Deutschland einen Landfrauenverband mit 600 000 Mitgliedern gibt – und das bereits seit Ende des 19. Jahrhunderts! Die Geschichte der Landfrauenbewegung begann vor mehr als hundert Jahren, am 2. Februar 1898. In Rastenburg in Ostpreußen gründete die Gutsbesitzerfrau Elisabet Boehm den ersten »Landwirtschaftlichen Hausfrauenverein« mit fünfzehn Mitgliedern: Land- und Stadtfrauen. Elisabet Boehm vermisste die Ausbildung der Landfrauen für deren Mehrfachbelastung als Frau, Mutter und als unentbehrliche Mitarbeiterin im Betrieb. Sie engagierte sich für die Gesundheit der Bäuerinnen und gegen die Unterbewertung deren Arbeit.

Elisabet Boehm war es auch, die die Biene zum Erkennungszeichen des ersten »Landwirtschaftlichen Hausfrauenvereins« machte. Warum die Biene? Landfrauen sind so tüchtig und fleißig wie die Bienen, tragen staatsbürgerliche Verantwortung, haben Gemeinschaftssinn und engagieren sich für Hilfe Suchende. Und als Qualitätszeichen schmückte die Biene zu Beginn der Landfrauenbewegung landwirtschaftliche Produkte – so gab es ab 1909 das »Bienenei«.

Natürlich entwickelten die Landfrauen eine eigene Kochkultur: Naturbelassen, einfach und ohne Schnickschnack – das wäre die kurze Beschreibung für die Küche der Landfrauen. Früher wurde auf dem Land mindestens einmal in der Woche der große Holzofen oder das Backhaus eingeheizt, um in einer bestimmten (ökologisch perfekten) Reihenfolge zu kochen und zu backen.

Auch wenn Sie keinen großen Holzofen mehr haben, können Sie mit den in diesem Buch beschriebenen Rezepten der Landfrauen wundervoll duftende, aromatisch schmeckende und pikante Fleischgerichte zu Hause nachkochen.

Und mit Rehrücken im Speckmantel, feinem Zwiebelrostbraten, Kalbshaxe mit Apfelsauerkraut, Ochsenschwanzragout oder Siedefleisch mit Meerrettich werden Sie viel Lob für Ihre Kochkunst erhalten.

Mit natürlichen, einfachen Zutaten gekocht und intensiv im Geschmack, übertreffen diese Fleischgerichte ihre industriell gefertigten Verwandten um Längen. Mit viel Liebe wurden die ausführlichen Rezepte der Landfrauen ausgewählt, geprüft und mehrfach getestet. Außerdem sind sie mit hilfreichen Tipps und Erklärungen ergänzt und alphabetisch geordnet.

Nur, was auch wie ein echtes Landfrauengericht schmeckt, wurde in dieses Buch aufgenommen!

B

Bayerischer Schweinsbraten

Für 4 Personen
Zubereitungszeit: 40 Minuten
Koch- & Bratzeit: 1½ Stunden

Einkaufsliste/Zutaten

1 kg Schweinefleisch (Schulter, Hals,
Rippe) mit Schwarte
1 große Zwiebel
1 Möhre
1 Stange Lauch
1 Stück Sellerie
1 Knoblauchzehe
Salz
1 Tl Nelken
1 Lorbeerblatt
5 Pfefferkörner
1 Tl Speisestärke
Pfeffer

Garnierung
Geröstete Zwiebelringe

Vorküche

Den Schweinebraten waschen und gut abtrocknen. Zwiebel,
Möhre, Lauch und Sellerie putzen und in feine Würfel schneiden.
Knoblauch schälen und grob zerteilen.

Zubereitung

Das Fleisch mit Salz einreiben und mit der Schwarte nach unten
in die Bratpfanne des Backofens legen. Mit 250 ml Wasser übergießen
und im vorgeheizten Backofen bei 225 °C braten. Nach 15 Minuten
den Braten wenden und die Schwarte kreuzweise einschneiden.
In die Schnittpunkte Nelken einstecken und 45 Minuten unter
häufigem Begießen mit Bratenfond weiter braten. Dann die Zwiebel,
das Lorbeerblatt, das zerkleinerte Gemüse, die Pfefferkörner und die
Knoblauchzehe dazugeben. Alles noch weitere 10 Minuten braten und
dabei die Schwarte mit Salzwasser bestreichen, damit sie schön knusprig
wird. Das Fleisch abgedeckt warm stellen. Den Bratenfond mit
1 Tl Speisestärke binden und mit Pfeffer und Salz abschmecken.

Servieren

Richten Sie den Schweinebraten auf vorgewärmten Tellern an
und servieren Sie ihn mit gerösteten Zwiebelscheiben.

Merkzettel

Der Schweinebraten schmeckt auch kalt zu einer kräftigen Brotzeit.

Berner
Kalbfleischtäschchen

Für 4 Personen
Zubereitungszeit: 15 Minuten
Koch- & Bratzeit: 25 Minuten

Einkaufsliste/Zutaten
8 dünne, doppelte Kalbsschnitzel
200 g Kalbsbrät
1 El fein geschnittener Schnittlauch
1 El gehackte Petersilie
1 Tl abgeriebene Schale von 1 unbehandelten Zitrone
Weißer Pfeffer aus der Mühle
Salz
8 hölzerne Zahnstocher
1 El Mehl
1 El Erdnussöl
60 g Butter
100 ml Weißwein
100 ml Fleischbrühe
1 Tl Zitronensaft

Garnierung
1 geviertelte Zitrone

Vorküche

Die Kalbstäschchen auseinander legen und – falls nötig – noch leicht
flach klopfen. Für die Füllung Kalbfleischbrät mit Schnittlauch,
Petersilie und der abgeriebenen Zitronenschale sorgfältig vermischen
und mit Pfeffer und Salz würzen.

Zubereitung

Die Kalbfleischtäschchen mit der Brät-Kräuter-Masse füllen und mit
Zahnstochern verschließen. Mit Salz und Pfeffer würzen und leicht mit
Mehl bestäuben. Öl und 10 g Butter in einer Bratpfanne aufschäumen
lassen und das Fleisch von beiden Seiten goldbraun braten.
Die Kalbfleischtäschchen aus der Pfanne nehmen und warm stellen.
Das Fett mit Küchenpapier aus der Pfanne tupfen, den Bratensaft
mit Weißwein ablöschen und stark reduzieren.
Die Fleischbrühe angießen, einkochen lassen und die restlichen
50 g Butter stückchenweise in die Soße einrühren. Mit einigen Tropfen
Zitronensaft würzen und die Kalbfleischtäschchen nochmals
in der Soße erwärmen.

Servieren

Die Kalbfleischtäschchen auf vorgewärmten Tellern anrichten,
mit den Zitronenvierteln garnieren und noch heiß zu Tisch bringen. Als
Beilage schmecken Kartoffelkroketten.

Merkzettel

Die Zitrone hat von allen Zitrusfrüchten den höchsten Säureanteil in
ihrem Saft. Zitronensaft wird deshalb auch gerne als Essigersatz verwendet.

Böhmisches Lammragout

Für 4 Personen
Zubereitungszeit: 20 Minuten
Kochzeit: 1 ½ Stunden

Einkaufsliste/Zutaten

750 g mageres Lammfleisch
(Nacken oder Keule)
500 ml Rinderbrühe
10 weiße Pfefferkörner
1 Lorbeerblatt
6 Eigelb
50 g Puderzucker
½ Tl Safran
1 Prise Zimt
200 ml Weißwein
1 Tl Himbeeressig

Garnierung
Petersilienblättchen

Vorküche

Das Fleisch gründlich abwaschen, von überschüssigem Fett befreien und in Würfel schneiden. Die Rinderbrühe zum Kochen bringen, Lammfleisch, Pfefferkörner und Lorbeerblatt zugeben und alles auf kleiner Flamme etwa 1 Stunde garen lassen.

Zubereitung

Die Fleischstücke aus dem Sud nehmen, abtropfen lassen, in eine Schüssel geben und warm stellen. Die Eigelbe mit Puderzucker, Safran und einer Prise Zimt in einer Metallschüssel mit dem Schneebesen verrühren. Die Schüssel in ein Wasserbad stellen und unter ständigem Rühren tropfenweise Wein und Essig zufügen und zu einem Weinschaum aufschlagen.

Servieren

Den Weinschaum über das Fleisch geben, alles mit den Petersilienblättchen bestreuen und sofort servieren. Als Beilage passt eine Portion Reis.

Merkzettel

Safran ist das teuerste Gewürz der Welt, und der Kilopreis kann bis zu 2.000 € betragen. Ein Safranpflücker schafft allenfalls, 60 – 80 g pro Arbeitstag zu ernten.

Bratwurst mit Biersoße

Für 4 Personen
Zubereitungszeit: 15 Minuten
Koch- & Bratzeit: 20 Minuten

Einkaufsliste/Zutaten
4 Bratwürste
250 ml Milch
Etwas Öl
4 Pfefferkuchen (Printen)
1 Flasche Malzbier
Salz
Pfeffer
Zucker

Garnierung
Tomatenscheiben

Vorküche
Die Bratwürste mit der Gabel anstechen und für einige Minuten in die Milch legen.

Zubereitung
Die Bratwürste in heißem Öl braun braten, herausnehmen und warm stellen. Für die Soße den Pfefferkuchen im Bratfett auflösen. Das Bier zugießen und kurz aufkochen lassen. Mit Salz, Pfeffer und Zucker abschmecken. Die Biersoße über die Bratwürste gießen.

Servieren
Servieren Sie die Bratwürste mit Biersoße am besten auf Kartoffelpüree und mit Tomatenscheiben garniert.

Merkzettel
Die angestochenen Bratwürste spritzen beim Braten sehr. Schützen Sie Ihre Kleidung.

Chateaubriand

Für 4 Personen
Zubereitungszeit: 20 Minuten (ohne Wartezeit)
Brat- & Backzeit: 30 Minuten

Einkaufsliste/Zutaten

Für die Marinade
1 Möhre
1 Knoblauchzehe
½ Bund Petersilie
5 Salbeiblätter
1 Rosmarinzweig
2 El Essig
2 El Zitronensaft
1 Tl Senf
1 Lorbeerblatt
1 Nelke
500 ml trockener Rotwein

Für den Braten
800 g Rinderfilet aus der Mitte
50 g Butterschmalz
Salz
Schwarzer Pfeffer aus der Mühle

Garnierung
Kräuterbutter

Vorküche

Für die Marinade die Möhre putzen und in grobe Stücke schneiden.
Knoblauchzehe schälen und klein hacken. Die Kräuter waschen und
trockenschütteln. Das Filet unter fließendem Wasser abwaschen,
abtrocknen und von allen Häuten und Fettresten befreien.
Alle Zutaten in einen Topf geben, den Wein angießen, verrühren
und das Filet hineinlegen. An einem kühlen Ort mindestens
3–4 Stunden marinieren lassen.

Zubereitung

Das Fleisch aus dem Topf nehmen und gut abtropfen lassen.
Das Schmalz in einem Bräter erhitzen, das Filet von allen Seiten
anbraten, mit der Marinade ablöschen und im auf 180 °C vorgeheizten
Backofen etwa 20 Minuten braten. Danach das Fleisch noch etwa
3 Minuten ruhen lassen, mit Salz und Pfeffer würzen
und zum Servieren aufschneiden.

Servieren

Auf vorgewärmten Tellern anrichten und mit einem Klecks
Kräuterbutter garnieren. Als Beilage schmeckt ein Kartoffelgratin.

Merkzettel

Bleiben von dem Rinderfilet Reste übrig, so kann man sie
am nächsten Tag als kalte Zwischenmahlzeit zu einer Scheibe Brot
und etwas Remouladensoße genießen.

Cordon bleu

Für 4 Personen
Zubereitungszeit: 20 Minuten (ohne Wartezeit)
Bratzeit: 10 Minuten

Einkaufsliste/Zutaten

4 dicke Kalbsschnitzel
1 Glas Rotwein
4 Scheiben roher Schinken
4 Scheiben Emmentaler
1 Eiweiß
4 hölzerne Zahnstocher
Salz
Weißer Pfeffer aus der Mühle

3 El Mehl
1 Ei
2 El Paniermehl
50 g Bratfett

Garnierung
Béarner Soße

Vorküche
Die Kalbsschnitzel unter fließendem Wasser waschen, trockentupfen und mit einem scharfen Messer eine Tasche einschneiden. In eine Schüssel legen, mit dem Rotwein begießen und für 4–5 Stunden im Kühlschrank marinieren lassen.

Zubereitung
Danach die Kalbsschnitzel herausnehmen und abtrocknen. Jede Tasche mit einer Scheibe Schinken und Käse füllen. Den Rand mit Eiweiß bestreichen, zusammendrücken und mit einem Zahnstocher verschließen. Die Schnitzel mit Salz und Pfeffer würzen. Zuerst in Mehl, dann im verquirlten Ei und Paniermehl wenden. Die Panade fest andrücken, und die Kalbsschnitzel in heißem Bratfett von jeder Seite etwa 5 Minuten braten.

Servieren
Die Schnitzel auf vorgewärmten Tellern anrichten, mit einem Klecks Béarner Soße versehen und Kroketten oder Kartoffelgratin dazu reichen.

Falscher Hase

(Hackbraten)

Für 4 Personen
Zubereitungszeit: 30 Minuten
Bratzeit: 1 ¼ Stunden

Einkaufsliste/Zutaten

2 Brötchen vom Vortag
2 klein gehackte Zwiebeln
1 Bund fein gewiegte Petersilie
1 Ei
Salz
Schwarzer Pfeffer aus der Mühle
Muskatnuss
Majoran
250 g Rinderhackfleisch
250 g Lammhackfleisch
40 g Butterschmalz
125 ml Fleischbrühe
1 Tl Mehl
125 ml saure Sahne

Garnierung

4 gefächerte Essiggurken

Vorküche
Die Brötchen in Wasser einweichen, ausdrücken und mit einer
gehackten Zwiebel, der Petersilie, dem Ei, und den Gewürzen unter das
Hackfleisch mischen. Mit feuchten Händen einen Laib formen.

Zubereitung
Das Butterschmalz in einem ausreichend großen Bräter erhitzen und
den Laib mit der restlichen Zwiebel auf beiden Seiten anbraten.
Die Fleischbrühe angießen und den Hackbraten bei mäßiger Hitze etwa
1 Stunde braten. Das Mehl mit etwas Wasser verrühren, die Soße damit
binden und mit der sauren Sahne verfeinern.

Servieren
Den Hackbraten aus dem Bräter nehmen und mit einem Elektromesser
in Scheiben schneiden. Auf Tellern anrichten,
mit je einer gefächerten Gurke garnieren, die Soße getrennt dazu
reichen. Dazu schmeckt hervorragend Kartoffelpüree.

Merkzettel
Falscher Hase schmeckt am nächsten Tag auch kalt
mit einer Scheibe kräftigem Roggenbrot.

Falsches Kotelett mit Rosenkohl

(Eine Scheibe Schweinebauch mit Knochen und Rosenkohl)

Für 4 Personen
Zubereitungszeit: 25 Minuten
Koch- & Bratzeit: 30 Minuten

Einkaufsliste/Zutaten

3 Scheiben Weißbrot
2 El Mehl
1 Ei
500 g Rosenkohl
4 Scheiben durchwachsener,
frischer Bauchspeck (je 150 g)
Butterschmalz zum Braten
Salz

Garnierung

Petersilienblättchen

Vorküche
Das Weißbrot entrinden und in einem Cutter zu Bröseln verarbeiten.
Mehl auf einen Teller füllen und das Ei auf einem Teller verquirlen.
Den Rosenkohl putzen und den Strunk kreuzförmig einschneiden.

Zubereitung
Den Rosenkohl in reichlich Salzwasser 15 Minuten kochen.
Den Bauchspeck zuerst in Mehl, dann in verquirltem Ei und zum
Schluss in den Brotbröseln wenden. Das Butterschmalz erhitzen und
darin den panierten Bauchspeck auf jeder Seite 5 Minuten braten.

Servieren
Servieren Sie das falsche Kotelett mit dem Rosenkohl und
reichen Sie Salzkartoffeln und scharfen Senf dazu.
Mit einigen Petersilienblättchen garniert zu Tisch bringen.

Merkzettel
Dieses falsche Kotelett ist eine preiswerte Alternative
zu einem Halskotelett.

Fasan mit Pflaumensoße

Für 4 Personen
Zubereitungszeit: 25 Minuten
Bratzeit: 45 Minuten

Einkaufsliste/Zutaten

1 Fasan (ca. 1 kg)
Salz
Pfeffer
1 Zwiebel
2 El Butterschmalz
300 ml Wildfond
1 El Pflaumenmus
10 – 15 getrocknete Pflaumen
1 Glas Weißwein
50 g geeiste Butter

Garnierung

1 El geröstete Mandelblättchen

Vorküche

Den Fasan waschen und gut trockentupfen. Mit Salz und Pfeffer einreiben
und bridieren, d. h., die Flügel auf den Rücken legen, wenn nötig mit
Küchenzwirn befestigen und die Keulen an den Enden fest zusammenbinden.
Die Zwiebel schälen und in kleine Würfel schneiden.
Den Backofen auf 200 °C vorheizen.

Zubereitung

Den Fasan in einen Bräter setzen. Das Butterschmalz erhitzen und den Fasan damit
begießen, die Zwiebelstücke und den Wildfond dazugeben und alles im Backofen
etwas 45 Minuten braten lassen, dabei immer wieder begießen und eventuell etwas
heißes Wasser nachgießen. Nach Hälfte der Garzeit das Pflaumenmus und die
Pflaumen dazugeben. Den Fasan aus dem Bräter nehmen und warm stellen.
Den Bratensaft mit dem Weißwein kräftig aufkochen lassen, die Hitze reduzieren
und mit der Butter binden. Eventuell mit Salz und Pfeffer nachwürzen.

Servieren

Den Fasan tranchieren und auf einer Fleischplatte anrichten. Einen Teil der Soße
über die Fleischstücke geben und mit den Mandelblättchen garnieren. Die restliche
Soße getrennt servieren. Dazu frische Bandnudeln und Gemüse der Saison reichen.

Merkzettel

Am besten schmeckt das Fasanenfleisch in der Zeit vom 1. Oktober bis zum
15. Januar. Je jünger der erlegte Vogel ist, desto zarter das Fleisch.

Feiner Zwiebelrostbraten

Für 4 Personen
Zubereitungszeit: 30 Minuten
Koch- & Bratzeit: 20 Minuten

Einkaufsliste/Zutaten

4 mittelgroße Zwiebeln
600 g Rinderfilet
2 El Butter
1 Prise Zucker
Salz
Schwarzer Pfeffer aus der Mühle
100 ml Sahne

Garnierung

Einige Petersilienblättchen

Vorküche

Die Zwiebeln schälen und in dünne Ringe schneiden. Das Rinderfilet
in 8 Scheiben schneiden und mit der Hand flachklopfen.

Zubereitung

In einer großen Pfanne 1 El Butter erhitzen und die Zwiebelringe
darin goldbraun braten. Mit einer Prise Zucker würzen,
herausnehmen und warm stellen.
Für den Rostbraten die restliche Butter erhitzen und das Fleisch darin
von beiden Seiten ca. 1 Minute braten. Mit Salz und Pfeffer würzen.
Die Fleischscheiben aus der Pfanne nehmen und den Bratensatz
mit der Sahne ablöschen und aufkochen.

Servieren

Gießen Sie auf die vorgewärmten Teller einen Soßenspiegel.
Das Fleisch darauf anrichten und mit Zwiebelringen belegen.
Mit einigen Petersilienblättchen garniert servieren.

Merkzettel

Das Fleisch sollte 1 Stunde vor dem Braten aus dem Kühlschrank
genommen werden, damit es Raumtemperatur hat.

Flugentenbrust mit Speckpflaumen und Semmelknödeln

Für 4 Personen
Zubereitungszeit: 1 Stunde
Bratzeit: 40 Minuten

Einkaufsliste/Zutaten

Für die Entenbrust

3 Wildentenbrüste (für gute Esser 4)
Salz
Pfeffer
24 Backpflaumen
24 Scheiben magerer, geräucherter Speck (dünn geschnitten)
24 Zahnstocher
1 Glas Rotwein
50 g geeiste Butter

Für die Semmelknödel

8 – 10 altbackene Brötchen (vom Vortag)
1 Schalotte
3 El gehackte Petersilie
40 g Butter
250 ml Milch
3 Eier
Salz
Pfeffer
1 Msp. Muskatnuss
2 – 3 El Mehl

Garnierung
Einige Petersiliensträußchen

Vorküche

Die Entenbrüste waschen, trockentupfen und an den Seiten von überflüssigem Fett befreien. Dabei sollte die Fettschicht auf der Hautseite belassen werden. Mit Salz und Pfeffer würzen. Die Pflaumen mit den Speckscheiben umwickeln und mit jeweils einem Zahnstocher fixieren. Den Backofen auf 160 °C vorheizen. Die Brötchen in Scheiben schneiden. Die Schalotte schälen und in feine Würfel schneiden. Die Petersilie gründlich waschen und gut trockenschütteln. Diese Zutaten in einer Pfanne mit erhitzter Butter leicht anrösten. In eine Schüssel füllen und mit Milch, Eiern und Gewürzen gut durchkneten und für 20 Minuten ruhen lassen. Bei Bedarf etwas Mehl untermischen. Dann die Hände anfeuchten und aus der Masse gleich große Knödel formen.

Zubereitung

eine für den Backofen geeignete Pfanne die Entenbrüste von der Fettseite aus kräftig, ohne Zugabe von Bratfett, anbraten. Das Fleisch einmal drehen und auch von dieser Seite anbraten. Mit der Hautseite nach oben im Backofen etwa 30 Minuten garen lassen. 15 Minuten vor Ende der Garzeit die Pflaumenspießchen dazugeben. Das Fleisch aus der Pfanne nehmen und in Alufolie gewickelt ruhen lassen. Die Pflaumenspießchen warm stellen. Den Bratensaft loskochen, mit Rotwein aufkochen lassen und mit der geeisten Butter binden. Zwischenzeitlich in einem großen Topf etwa 3 l Wasser zum Kochen bringen. Die Knödel ins sprudelnde Wasser geben, die Hitze reduzieren und die Knödel, je nach Größe, etwa 15 Minuten gar ziehen lassen. Mit einem Schaumlöffel aus dem Wasser heben, kurz abtropfen lassen und in eine Schüssel geben. Das Fleisch in Scheiben schneiden und auf einer Fleischplatte anrichten.

Servieren

Die Flugentenbrustscheiben mit den Pflaumenspießchen umlegen, mit etwas Soße begießen und mit Petersiliensträußchen garnieren. Die Knödel in der Schüssel zu Tisch bringen und mit einem gut temperierten Rotwein servieren.

Merkzettel

Dieses Gericht verlangt etwas zeitliche Koordination, für geübte Köche/innen aber kein Problem.

Fränkischer Sauerbraten

Für 4 Personen
Zubereitungszeit: 20 Minuten (ohne Wartezeit)
Bratzeit: 1 ½ Stunden

Einkaufsliste/Zutaten

1 kg Rinderbraten
250 ml Essig
3 Zwiebeln
2 Lorbeerblätter
1 Tl Pimentkörner
½ Tl Salz
1 Tl Zucker
50 g Butter
1 El Kartoffelmehl
3 El saure Sahne

Garnierung

Einige Petersilienblättchen

Vorküche

Das Fleisch unter fließendem Wasser kalt abwaschen, abtrocknen und
in einen Steinguttopf legen. Den Essig mit 1 l Wasser, zwei geschälten
und geviertelten Zwiebeln, Lorbeerblättern, Piment, Salz und Zucker
aufkochen lassen und nach dem Abkühlen über das Fleisch gießen.
Den Braten im geschlossenen Topf an einem kühlen Platz 4–6 Tage in
der Marinade ziehen lassen. Nach dieser Zeit das Fleisch aus dem Topf
heben, abtropfen lassen, kalt abspülen und abtrocknen.

Zubereitung

Die Butter in einem Bräter erhitzen und das Fleisch von allen
Seiten braun anbraten. Die Marinade durch ein Sieb passieren und
auffangen. Die letzte Zwiebel schälen, klein schneiden und mit
der Marinade und einer Tasse Wasser zu dem Braten geben.
Das Fleisch 1½ Stunden schmoren lassen, herausnehmen und
warm stellen. Das Kartoffelmehl mit etwas Wasser verrühren,
die Soße damit binden und die saure Sahne unterziehen.

Servieren

Den Braten mit einem Elektromesser in Scheiben schneiden,
auf einer vorgewärmten Fleischplatte anrichten und mit einigen
Petersilienblättchen garnieren. Die Soße getrennt dazu reichen.

Merkzettel

Wer es besonders eilig hat, kann die Marinade auch kochend heiß über
das Fleisch gießen, das reduziert die Säuerungszeit auf 2 Tage.

Fränkisches Bierfleisch

Für 4 Personen
Zubereitungszeit: 20 Minuten
Bratzeit: 1 ¼ Stunden

Einkaufsliste/Zutaten

750 g Rindfleisch aus der Keule
2 El Butterschmalz
2 Zwiebeln
150 g Schinkenspeck
2 El Mehl
500 ml dunkles Bier
Salz
Schwarzer Pfeffer aus der Mühle
1 Tl gerebelter Thymian
1 Lorbeerblatt
Essig
Zucker

Garnierung

1 El gehackte Petersilie

Vorküche

Das Rindfleisch unter fließendem Wasser gründlich abwaschen,
trockentupfen und in mundgerechte Würfel schneiden.

Zubereitung

Das Butterschmalz in einem Bräter erhitzen und das Fleisch darin
rundum anbraten. In der Zwischenzeit die Zwiebeln schälen, fein
hacken, den Schinkenspeck in feine Streifen schneiden, alles zu dem
Fleisch geben und kurz mit anrösten. Das Mehl über das Fleisch
stäuben, kurz Farbe nehmen lassen und mit dem Bier ablöschen.
Das Ganze kräftig mit Salz, Pfeffer und Thymian würzen.
Das Lorbeerblatt zugeben und mit geschlossenem Deckel 1 Stunde
schmoren lassen. Nach Ende der Garzeit mit Essig und Zucker
abschmecken und gegebenenfalls nachwürzen.

Servieren

Das Fleisch in eine vorgewärmte Schüssel geben, mit der gehackten
Petersilie bestreuen und Kartoffelklöße dazu reichen.

Merkzettel

Das Fleisch muss vor dem Anbraten sorgfältig abgetrocknet werden,
weil es sonst beim Anbraten zu sehr spritzt und sich die Poren
nicht schließen.

Fränkisches Kaninchen

Für 4 Personen
Zubereitungszeit: 20 Minuten
Bratzeit: 1 ½ Stunden

Einkaufsliste/Zutaten

1 Kaninchen (ca. 1 kg)
Salz
60 g Speck
100 g Butter
250 ml saure Sahne
1 El Kartoffelmehl
Weißer Pfeffer aus der Mühle
Majoran
1 El Schnittlauchröllchen

Vorküche

Das Kaninchen waschen, enthäuten und von Fett befreien. Rundum salzen, in einen Bräter legen und mit Speckstreifen belegen. Die Butter erhitzen und über das Kaninchen gießen.

Zubereitung

In den auf 200 °C vorgeheizten Backofen stellen und 1–1 ½ Stunden (je nach Alter des Kaninchen) braten. Falls nötig heißes Wasser oder Fleischbrühe zugeben. Nach Ende der Garzeit das Kaninchen aus dem Bräter heben und warm stellen. Den Bratensatz mit der Sahne aufrühren, die Soße mit Kartoffelmehl binden und mit Salz, Pfeffer und Majoran würzen.

Servieren

Das Kaninchen in Portionsstücke teilen, auf vorgewärmten Tellern anrichten und mit Schnittlauchröllchen garnieren. Als Beilage schmecken Kartoffelklöße und Rotkohl.

Merkzettel

Versuchen Sie, ein Kaninchen vom Bauernhof zu erstehen, sie sind im Fleisch schmackhafter als Tiere aus der Massenhaltung.

G

Gebratene Kalbsleber

Für 4 Personen
Zubereitungszeit: 20 Minuten
Koch- & Bratzeit: 20 Minuten

Einkaufsliste/Zutaten
2 Gemüsezwiebeln
5 Radieschen
2 El Butter
4 Scheiben Kalbsleber à 150 g
2 El Mehl
Salz
Schwarzer Pfeffer aus der Mühle

Garnierung
Radieschenstifte

Vorküche

Die Gemüsezwiebeln schälen und in Ringe schneiden.
Radieschen waschen und in Stifte schneiden.

Zubereitung

1 El Butter erhitzen und darin die Zwiebelringe goldbraun braten.
Auf einen Teller geben und im Backofen warm halten.
Die Leberscheiben im Mehl wenden. Überschüssiges Mehl abklopfen.
Die restliche Butter in der Pfanne erhitzen und darin die Leberscheiben
von beiden Seiten je 3 Minuten braten.
Jetzt erst mit Salz und Pfeffer würzen.

Servieren

Richten Sie die Leberscheiben mit den Zwiebelringen belegt auf einer
Platte an. Setzen Sie neben jede Scheibe einige Radieschenschnitze.

Merkzettel

Leber immer erst nach dem Braten oder
Schmoren mit Salz würzen. Sie wird sonst hart.

Gefüllte Kalbsbrust

Für 4–6 Personen
Zubereitungszeit: 40 Minuten
Bratzeit: 2½ Stunden

Einkaufsliste/Zutaten

1,5 kg Kalbsbrust
100 g Schweinehackfleisch
100 g Tatar
150 Bratwurstbrät
2 El Senf
2 eingeweichte Semmeln vom Vortag
1 Ei
2 rote Zwiebeln
2 Knoblauchzehen
Salz
Schwarzer Pfeffer aus der Mühle
1 Tl Majoranblättchen
Butterschmalz
500 ml Bier
1 El Kartoffelstärke
Küchengarn zum Umwickeln

Garnierung
Einige Majoranblättchen

Vorküche

Die Kalbsbrust schon vom Metzger aufschneiden lassen.
Hackfleisch, Tatar, Bratwurstbrät, Senf und die eingeweichten und
ausgedrückten Semmeln und das Ei gründlich miteinander vermischen.
Zwiebeln und Knoblauch schälen und fein hacken.

Zubereitung

Die Kalbsbrust aufklappen und mit der Fleischmasse bestreichen.
Zwiebeln, Knoblauch, Salz, Pfeffer und Majoranblättchen darüber
streuen und das Fleisch aufrollen. Mit Küchengarn zu einem festen
Päckchen schnüren. Das Butterschmalz in einem Bräter erhitzen
und das Fleisch von allen Seiten kräftig anbraten. Das Bier angießen
und den Braten in den auf 220 °C vorgeheizten Backofen schieben.
Etwa 2½ Stunden braten und in dieser Zeit immer wieder
mit Bratensaft begießen. Den Bratenfond mit in etwas Wasser
aufgelöster Kartoffelstärke binden.

Servieren

Vom Fleisch das Küchengarn entfernen und den Braten in Scheiben
schneiden. Auf einer Platte anrichten und mit Majoranblättchen
bestreuen. Reichen Sie die Soße separat dazu.
Zur feinen Kalbsbrust passt sahniger Kartoffelbrei und Endiviensalat.

Merkzettel

Kalbsbrust immer beim Metzger vorbestellen.

Geschmortes Eisbein

Für 4 Personen
Zubereitungszeit: 30 Minuten
Koch- & Bratzeit: 2 Stunden

Einkaufsliste/Zutaten

1,5 kg frisches Eisbein
1 Sellerieknolle
3 Möhren
4 Zwiebeln
Salz
Pfeffer
Etwas Brühe

Garnierung

Gehackte Petersilie

Vorküche

Das Eisbein an der Schwarte mit einem scharfen Messer
mehrfach einstechen. Sellerieknolle, Möhren und
Zwiebeln schälen, putzen und grob in Würfel
schneiden. Den Backofen auf 220 °C vorheizen.

Zubereitung

Das Eisbein salzen und pfeffern und mit dem Gemüse
in einer Schmorpfanne mit etwas Wasser in den
Backofen geben und etwa 1½ Stunden bei
geschlossenem Deckel schmoren lassen. Immer wieder
mit Wasser oder Brühe begießen und wenden.
Vor Ende der Garzeit den Deckel entfernen und
das Eisbein braun überkrusten lassen.

Servieren

Servieren Sie zum geschmorten Eisbein Salzkartoffeln
und Sauerkraut und bestreuen Sie es mit Petersilie.

Merkzettel

Aus dem Fleischsud lässt sich unter Zugabe von Sahne
eine schmackhafte Soße zubereiten.

Gulasch nach Landfrauenart

Für 4 Personen
Zubereitungszeit: 20 Minuten
Koch- & Bratzeit: 1½ Stunden

Einkaufsliste/Zutaten

750 g Rindergulasch
Salz
Schwarzer Pfeffer aus der Mühle
60 g Butterschmalz
6 grob gehackte Zwiebeln
750 ml Fleischbrühe

4 El Paprikapulver
2 El Tomatenmark
250 ml saure Sahne

Garnierung
1 El Petersilienblättchen

Vorküche
Das Fleisch waschen, trocknen und kräftig salzen und pfeffern.
Das Butterschmalz erhitzen, die Zwiebelstücke darin glasig dünsten, die
Fleischstücke zugeben und rundum anbraten.

Zubereitung
Die Fleischbrühe angießen und das Paprikapulver zugeben. Mit geschlossenem
Deckel etwa 1 Stunde schmoren lassen, falls nötig etwas Fleischbrühe oder
Wasser zugießen. Nach Ende der Garzeit das Tomatenmark unterrühren und
mit Salz und Pfeffer nachwürzen. Zuletzt die saure Sahne unterziehen.
Dazu darf das Gulasch nicht mehr kochen.

Servieren
Das Gulasch in eine vorgewärmte Schüssel geben,
mit den Petersilienblättchen bestreuen und mit Knödeln
oder Kartoffelbrei servieren.

Merkzettel
Wenn man die letzten 25 Minuten 500 g in Würfel geschnittene
Kartoffeln mitkocht, erhält man ein kräftiges Eintopfgericht.

H

Hasensauerbraten

Für 4 Personen
Zubereitungszeit: 30 Minuten (ohne Wartezeit)
Koch- & Bratzeit: 50 Minuten

Einkaufsliste/Zutaten

1 Hase
175 g Bauchspeck
250 g Suppengrün
3 Zwiebeln
2 Knoblauchzehen
250 ml Weißwein
1 Bund Petersilie
Wacholderbeeren
3 Lorbeerblätter
½ Tl Thymian
Pfefferkörner
2–3 Nelken
2 El Öl
Saft von 1 Zitrone
Salz
Weißer Pfeffer aus der Mühle
2–3 El Mehl
Zucker
Senf
250 ml saure Sahne

Vorküche

Den küchenfertigen Hasen in mehrere portionsgerechte Stücke
zerteilen. Den Bauchspeck und das Suppengrün in kleine Würfel und
die Zwiebeln in Ringe scheiden. Die Knoblauchzehen zerdrücken.
Die Petersilie gründlich waschen, trockentupfen und klein hacken.

Zubereitung

Den Wein mit 500 ml Wasser in einem großen Topf zum Kochen
bringen. Einen Teil der Zwiebelringe, zwei zerdrückte Knoblauchzehen
sowie einen Teil des Suppengrüns, die Petersilie, Wacholderbeeren,
Lorbeerblätter, Thymian, ein paar Pfefferkörner und 2–3 zerstoßene
Nelken in Öl anschwitzen.
Alles in die Weinmarinade geben, leicht salzen und zugedeckt
10–15 Minuten langsam kochen lassen. Den Saft einer halben Zitrone
unterrühren, etwas abkühlen lassen und dann das Hasenfleisch
hineinlegen. Das Ganze kühl gestellt 3–4 Tage
in der Beize marinieren lassen.
Danach das Fleisch salzen und pfeffern. In ausgelassenem Bauchspeck
schön braun anbraten und wieder herausnehmen. Das Gemüse
einige Minuten leicht bräunen lassen, mit Mehl bestäuben, weiterrösten
und die Beize hinzugeben.
Das Hasenfleisch hinzugeben und zugedeckt bei mäßiger Hitze
20 Minuten garen lassen. Die Soße durch ein Sieb streichen und mit
Zitronensaft, etwas Zucker, Senf und saurer Sahne verfeinern.

Servieren

Den Hasen zusammen mit Thüringer Klößen servieren.

Hausgemachte Bratwurst

Für 4 Personen
Zubereitungszeit: 30 Minuten
Bratzeit: 15 Minuten

Einkaufsliste/Zutaten

500 g mageres Schweinefleisch
250 g Bauchspeck
Salz
Schwarzer Pfeffer aus der Mühle
Majoran
125 ml trockener Riesling
Schweinedarm für 4 Würste
1 l Milch
1 El Bratfett

Garnierung

Senf

Vorküche
Das Schweinefleisch zusammen mit dem Speck durch
den Fleischwolf drehen und sorgfältig vermischen.

Zubereitung
Die Masse kräftig mit Salz, Pfeffer und Majoran würzen,
den Wein zugeben und nochmals sorgfältig
durchkneten. Gegebenenfalls etwas Wasser zusetzen,
damit die Masse schön geschmeidig wird. Die Masse in
die Schweinedärme einfüllen und abbinden. Die Würste
kurz in Milch wenden und im erhitzten Bratfett
rundum knusprig anbraten.

Servieren
Die Würste mit einem Klecks mittelscharfem Senf,
Bauernbrot und einem Glas Riesling zu Tisch bringen.

Hirschgulasch
mit Petersilienspätzle

Für 4 Personen
Zubereitungszeit: 40 Minuten (ohne Wartezeit)
Brat- & Kochzeit: ca. 1 ¼ Stunden

Einkaufsliste/Zutaten

Für das Gulasch
1 kg Hirschkeule (ohne Knochen)
1 El Butterschmalz
2 Zwiebeln
1 Tl Majoran
4 Wacholderbeeren
250 ml Rotwein
500 ml Wildfond
60 g geeiste Butter (ersatzweise Soßenbinder)

Für die Spätzle
½ Bund Petersilie
500 g Mehl
2 Eier
50 g geriebener Käse
Salz
30 g Butter

Garnierung
1 Tl gehackte Petersilie
Einige Petersiliensträußchen

Vorküche

Das Fleisch waschen, trockentupfen und in mundgerechte Stücke schneiden.
Die Zwiebeln schälen und grob in Stücke schneiden. Für die Spätzle zuerst
die Petersilie waschen, trockenschütteln und fein hacken. Mehl in eine Schüssel
sieben und in die Mitte eine Mulde drücken. In diese Mulde Eier, Petersilie, Käse,
Salz und 250 ml Wasser füllen und mischen. Das Mehl nach und nach dazurühren
und den Teig schlagen, bis er glatt ist und Blasen wirft. Den Teig zugedeckt
30 Minuten ruhen lassen.

Zubereitung

In einem großen Bräter das Butterschmalz erhitzen und das Fleisch darin kräftig
anbraten. Die Zwiebeln dazugeben und kurz mit anrösten. Die Gewürze einrühren
und mit Wein und Wildfond ablöschen. Mit geschlossenem Deckel bei mittlerer Hitze
etwa 60–70 Minuten schmoren lassen. Abschließend mit der geeisten Butter binden.
Entsprechend vor Ende der Garzeit die Spätzle zubereiten. In einem großen, hohen
Topf Salzwasser zum Kochen bringen. Den Teig, mit Hilfe einer Kelle, in einen
Spätzlehobel füllen und nach und nach in das sprudelnde Wasser hobeln. Wenn
die Spätzle gar sind, steigen sie an die Oberfläche. Mit einer Schaumkelle die Spätzle
aus dem Wasser heben und in einem Sieb abtropfen lassen. So fortfahren, bis der
gesamte Teig aufgebraucht ist. In einer großen Pfanne die Butter erhitzen und
die Spätzle in der heißen Butter schwenken.

Servieren

Das Hirschgulasch in eine Terrine füllen und mit gehackter Petersilie garnieren.
Die Spätzle in eine Schüssel füllen, mit Petersiliensträußchen bestreuen
und heiß servieren.

Merkzettel

Wenn Sie die Spätzle lieber etwas neutraler im Geschmack haben,
lassen Sie den Käse einfach weg.

Holsteiner Schweineschnitzel

Für 4 Personen
Zubereitungszeit: 15 Minuten
Bratzeit: ca. 15 Minuten

Einkaufsliste/Zutaten

4 frische Schweineschnitzel
Salz
Schwarzer Pfeffer aus der Mühle
2 El Mehl
5 Eier
Paniermehl
4 Sardellenfilets
½ Bund Petersilie
4 El Butterschmalz
¼ Tl edelsüßes Paprikapulver

Vorküche

Die Schnitzel waschen, trockentupfen, mit Salz und Pfeffer bestreuen und in Mehl wenden.
Dann in einem verquirlten Ei und zuletzt in Paniermehl wenden. Die Sardellenfilets wässern.
Die Petersilie gründlich waschen, trockenschütteln und fein hacken.

Zubereitung

Das Butterschmalz in einer großen Pfanne erhitzen und die Schnitzel darin von beiden
Seiten goldbraun braten. Das Fleisch aus der Pfanne nehmen und warm stellen. Die vier Eier
in der gleichen Pfanne zu Spiegeleiern braten und mit dem Paprikapulver bestreuen.

Servieren

Die Schnitzel auf einer Fleischplatte anrichten, auf jedes ein Spiegelei setzen und um
jedes Eigelb ein Sardellenfilet legen. Mit der Petersilie bestreut servieren.

Merkzettel

Holsteiner Schweineschnitzel schmeckt am besten mit Petersilienkartoffeln oder Kartoffelsalat.

7

Ilmenauer Putenbraten

Für 4 Personen
Zubereitungszeit: 30 Minuten
Koch- & Bratzeit: 70 Minuten

Einkaufsliste/Zutaten

500 – 700 g Putenbrust	2 Zwiebeln
Salz	½ Bund Petersilie
Edelsüßes Paprikapulver	4 El Butterschmalz
50 g Bauchspeck	200 ml Weißwein
2 Möhren	1 El Mehl
¼ Sellerieknolle	125 ml süße Sahne

Vorküche

Das Fleisch waschen und trockentupfen und mit Salz und Paprikapulver einreiben.
Den Speck in kleine Würfel schneiden. Möhren und Sellerieknolle schälen, waschen
und raspeln. Die Zwiebeln schälen und in feine Würfel schneiden. Die Petersilie
gründlich waschen, trockenschütteln und fein hacken.

Zubereitung

50 g Butterschmalz in einem Topf erhitzen und den Speck darin anbraten.
Das Putenfleisch dazugeben und kurz anbraten. Mit Weißwein und etwas heißem
Wasser ablöschen und etwa 50 Minuten bei mittlerer Hitze köcheln lassen.
Zwischenzeitlich das restliche Butterschmalz in einem zweiten Topf zerlassen und
Möhren, Sellerie sowie Zwiebelscheiben darin anschwitzen. Mit Mehl bestäuben.
Den Gemüsesatz zum Fleisch geben und alles zugedeckt etwa 15 Minuten garen lassen.
Kurz vor Ende der Garzeit mit der Sahne verfeinern und mit der Petersilie
(etwas beiseite stellen) würzen, gegebenenfalls nachsalzen.

Servieren

Das Gemüse auf einer Platte anrichten, das Fleisch in Scheiben schneiden, auf das
Gemüse legen und mit der restlichen Petersilie bestreut servieren.

Kalbshaxe
mit Apfelsauerkraut

Für 4 Personen
Zubereitungszeit: 30 Minuten
Koch- & Bratzeit: 2 Stunden

Einkaufsliste/Zutaten
2 Knoblauchzehen
1 Kalbshaxe (ca. 2 kg mit Knochen)
1 El Öl
Salz
Weißer Pfeffer aus der Mühle
2 Äpfel
1 Bund Petersilie
4 El Bier
1 Dose Sauerkraut (850 ml)
250 ml Apfelsaft
2 Lorbeerblätter
2 Gewürznelken
2 Pimentkörner

Garnierung
Tomatenspalten

Vorküche

Knoblauch schälen und durch die Knoblauchpresse drücken oder fein hacken. Kalbshaxe waschen und trockentupfen. Mit Öl, Salz, Pfeffer und Knoblauch einreiben. Äpfel waschen, entkernen und in Spalten schneiden. Petersilie waschen und grob zerzupfen.

Zubereitung

Die Kalbshaxe auf die Fettpfanne des Backofens setzen und im auf 200 °C vorgeheizten Backofen ca. 2 Stunden braten.
Zwischendurch mit Bier einstreichen.
In dieser Zeit das Sauerkraut mit Apfelsaft in einen Topf geben.
Lorbeerblätter, Gewürznelken und Pimentkörner zufügen und etwa 1 Stunde bei niedriger Temperatur zugedeckt schmoren lassen.
Die Apfelspalten etwa 15 Minuten vor Ende der Garzeit zugeben.
Mit Salz und Pfeffer abschmecken.

Servieren

Richten Sie das Sauerkraut mit Kalbshaxe auf einer Platte an.
Mit Tomatenspalten und Petersilie garnieren.

Merkzettel

Zu diesem herzhaften Gericht passen wunderbar Semmelknödel.

Kalbsschnitzel St. Gallen

Für 4 Personen
Zubereitungszeit: 15 Minuten
Brat- & Backzeit: 20 Minuten

Einkaufsliste/Zutaten

4 große Kalbsschnitzel
Saft von 1 Zitrone
Weißer Pfeffer aus der Mühle
3 El Mehl
1 Ei
2 El Paniermehl
60 g Butter
4 halbe Birnen
4 Scheiben Gruyère
Paprikapulver

Garnierung

1 Bund Petersilie
2 geviertelte Tomaten

Vorküche

Die Schnitzel leicht klopfen und mit Zitronensaft und Pfeffer würzen.
Zuerst in Mehl, dann im verquirlten Ei und zuletzt in Paniermehl
wenden. Die Panade fest andrücken, damit sie gut haften bleibt.

Zubereitung

10 g Butter in einer Pfanne erhitzen und die Schnitzel von beiden
Seiten goldbraun braten. Die Schnitzel aus der Pfanne nehmen und je
eine halbe Birne darauf platzieren. Mit einer Scheibe Käse bedecken,
mit Paprikapulver bestreuen und Butterflöckchen darauf setzen.
Die Schnitzel zugedeckt backen, bis der Käse geschmolzen ist.

Servieren

Die Schnitzel auf vorgewärmte Teller platzieren und mit Petersilie
und Tomatenvierteln dekorieren.

Merkzettel

Bei Kalbfleisch unterscheidet man zwischen Milch- und Weidekalb.
Das Fleisch von Kälbern in den ersten drei Lebensmonaten ist von
der besten Qualität.

Kalbsvögerl

(Schwäbische Kalbsrouladen)

Für 4 Personen
Zubereitungszeit: 40 Minuten
Koch- & Bratzeit: 40 Minuten

Einkaufsliste/Zutaten

4 Scheiben dünn geschnittene Kalbsschnitzel (je 150 g)
250 g Lauch
Salz
Pfeffer
4 Scheiben Emmentaler
4 Scheiben Frühstücksspeck
20 g Butter
125 ml Weißwein
1 Glas Kalbsfond (400 ml)
2 El Crème fraîche
Küchengarn zum Umwickeln

Garnierung

Einige Kerbelblätter

Vorküche

Die Kalbsschnitzel waschen, trockentupfen und etwas flachdrücken.
Lauch putzen, waschen. In 4 ca. 6 cm lange Stücke schneiden.
Anschließend in kochendem Salzwasser 2 Minuten blanchieren
und gut abtropfen lassen.

Zubereitung

Die Schnitzel mit Salz und Pfeffer würzen. Mit je einer Scheibe Käse,
Speck und einem Stück Lauch belegen. Aufrollen und mit Küchengarn
umwickeln. Die Butter erhitzen. Darin die aufgerollten Kalbsvögerl
rundherum anbraten. Mit Wein ablöschen und etwa
25 Minuten schmoren. Nun den Kalbsfond nach und nach zufügen.
Fleisch herausnehmen. Crème fraîche in den Bratenfond rühren.
Mit Salz und Pfeffer abschmecken.

Servieren

Gießen Sie einen Soßenspiegel auf die vorgewärmten Teller und legen
Sie die Kalbsvögerl darauf. Dazu passt Feldsalat und Kartoffelbrei.

Merkzettel

Bereiten Sie von den Kalbsvögerln ruhig die doppelte Menge zu.
Sie eignen sich gut zum Einfrieren.

Kaninchen
Kreuzberger Art

Für 4–6 Personen
Zubereitungszeit: 35 Minuten
Koch- & Bratzeit: 1½ Stunden

Einkaufsliste/Zutaten

1 Kaninchen (ca. 1,5 kg, vom Metzger
portionieren lassen)
Salz
Pfeffer
50 g Speck
1 Zwiebel
2 Möhren
¼ Sellerieknolle
2 El Öl
500 ml Fleischbrühe
1 Lorbeerblatt
5 Wacholderbeeren
2 Pimentkörner
1 Tl Mehl
2 El Crème fraîche
1 El Essig
1 Prise Zucker

Garnierung

Einige Feldsalatblättchen

Vorküche

Die Kaninchenteile gründlich waschen und trockentupfen. Von Haut und Sehnenresten befreien. Mit Salz und Pfeffer einreiben. Den Speck in nicht zu kleine Stifte schneiden. Mit einem scharfen, spitzen Messer in das Kaninchenfleisch kleine Schlitze schneiden und mit den Speckstiften spicken. Die Zwiebel schälen und in Ringe schneiden. Die Möhren und den Sellerie schälen, putzen, waschen und in kleine Stücke schneiden.

Zubereitung

Das Öl in einem großen Topf erhitzen und die Fleischstücke darin kräftig anbraten. Das Gemüse dazugeben und kurz mitrösten. Mit der Fleischbrühe ablöschen, bis das Fleisch zur Hälfte bedeckt ist. Die Gewürze dazugeben und mit Salz und Pfeffer abschmecken. Bei geschlossenem Deckel und bei mittlerer Hitze etwa 1 Stunde schmoren lassen. Die Kaninchenstücke aus dem Sud nehmen und warm stellen. Die Soße etwas einkochen und mit Mehl und Crème fraîche binden. Mit Essig und Zucker süß-sauer abschmecken. Gegebenenfalls nochmals mit Salz und Pfeffer würzen.

Servieren

Das Fleisch auf einer Fleischplatte anrichten und mit der Soße übergießen. Servieren Sie Kaninchen Kreuzberger Art mit frischen Klößen und mit Feldsalat.

Merkzettel

Lassen Sie sich die Innereien (Herz, Leber, Nieren und Lunge) vom Metzger mitgeben. Gebraten auf einem grünen Salat ergeben sie eine köstliche Vorspeise.

Kasseler Rippe

Für 4 Personen
Zubereitungszeit: 20 Minuten
Koch- & Bratzeit: 1½ Stunden

Einkaufsliste/Zutaten

1 große Zwiebel
1 Möhre
¼ Sellerieknolle
1 Stange Lauch
6 Wacholderbeeren
1 Scheibe Pumpernickel
1 kg Kasseler Rücken
(Knochen gleich vom Metzger entfernen
und klein hacken lassen)
1 Lorbeerblatt
Kümmel
1 cm Zimtstange
Pfeffer
500 ml Rotwein
30 g Butter
1 Tasse Sauerkirschen
1 Tl Kartoffelmehl
Salz

Garnierung

Einige Wacholderbeeren

Vorküche

Die Zwiebel, Möhre, Sellerieknolle und den Lauch schälen, putzen
und in kleine Würfel schneiden. Die Wacholderbeeren zerdrücken.
Die Scheibe Pumpernickel fein würfeln. Den Backofen auf 200 °C vorheizen.

Zubereitung

Das Kasseler zusammen mit den zerkleinerten Knochen und wenig Wasser in einem
Bratentopf in den Backofen schieben. Die Hälfte des Gemüses zum Fleisch geben.
Nach einer Schmorzeit von 20 Minuten Wacholderbeeren, Lorbeerblatt, Kümmel,
Zimt und etwas Pfeffer dazugeben und weiter schmoren lassen. Das Fleisch wenden
und gegebenenfalls noch etwas Wasser nachgießen. Weitere 40 Minuten schmoren
lassen. Dann das Fleisch aus dem Sud heben und warm stellen. Die Knochen und
das Gemüse mit einem Teil des Rotweins angießen und weiter schmoren.
Nun das restliche Gemüse in einem zweiten Topf in heißer Butter gut andünsten,
den Rest Rotwein dazugießen, Pumpernickelwürfel beigeben und köcheln lassen.
Dann die Kirschen dazugeben und einkochen lassen, bis die gewünschte Soßenmenge
erreicht ist. In die Kirschensoße den Bratenfond durch ein Sieb passieren.
Ist die Soße nicht sämig genug, mit dem Kartoffelmehl binden und gut durchkochen.
Mit Salz und Pfeffer abschmecken.

Servieren

Das Fleisch in Scheiben schneiden und auf einer Platte anrichten.
Die Soße und das Gemüse darüber geben und mit Wacholderbeeren garnieren.
Servieren Sie Kasseler Rippe mit Kartoffelpüree und Sauerkraut.

Merkzettel

Die Kasseler Rippe schmeckt auch mit Rotkohl, grünen Bohnen, Rosenkohl
oder Grünkohl.

Königsberger Klopse

Zubereitungszeit: 30 Minuten
Koch- & Bratzeit: 40 Minuten

Einkaufsliste/Zutaten
600 g Kalbfleisch
2 Brötchen (vom Vortag)
2 Zwiebeln
1 Möhre
6 Sardellenfilets
55 g Butter
1 El gehackte Petersilie
125 ml Sahne
2 Eier
Etwas Schale von 1 unbehandelten Zitrone
Salz
Pfeffer
1 l Brühe
40 g Mehl
Zitronensaft
2 Eigelb
2 El Kapern

Garnierung
Einige Kapern

Vorküche

Das Kalbfleisch waschen und trockentupfen.
Die Brötchen in Wasser einweichen und ausdrücken.
Das Fleisch und die Brötchen durch den Fleischwolf
drehen. Eine Zwiebel schälen und in kleine Würfel
schneiden. Die Möhre schälen, die zweite Zwiebel
abziehen. Die Sardellenfilets hacken.

Zubereitung

Die Zwiebelwürfel in einer Pfanne mit etwas
ausgelassener Butter glasig dünsten. Die gehackten
Sardellenfilets mit den gedünsteten Zwiebeln, der
Petersilie, der Sahne, den Eiern und der Zitronenschale
zu dem Kalbfleisch geben. Mit Salz und Pfeffer kräftig
abschmecken, gut verkneten und mit den Händen zu
kleinen Klopsen formen. Die Möhre und die Zwiebel in
die Brühe geben und zum Kochen bringen. Die Klopse
in diese Brühe geben und gar köcheln lassen, dann
herausheben. Die Brühe durch ein Sieb gießen
und 500 ml davon auffangen, dabei die Möhre beiseite
legen. Für die Soße 50 g Butter zerlassen. Mehl darin
hellgelb anschwitzen, die Brühe angießen, gut verrühren
und mit Salz, Pfeffer und Zitronensaft abschmecken.
Etwa 5 Minuten köcheln lassen und mit den Eigelben
legieren. Die gekochte Möhre in Würfel schneiden und
mit den Kapern und den Klopsen in die Soße geben.

Servieren

Reichen Sie zu den mit Kapern garnierten
Königsberger Klopsen Salzkartoffeln
und Rote Beete. ·

Merkzettel

Die Sardellenfilets müssen gut unter fließendem
kaltem Wasser abgewaschen werden, damit sie nicht
zu salzig sind.

Lammbraten
aus der Keule

Für 4 Personen
Zubereitungszeit: 20 Minuten
Bratzeit: 1¼ Stunden

Einkaufsliste/Zutaten

1 Lammkeule mit Knochen (ca. 1,5 kg)
Grobes Meersalz
Schwarzer Pfeffer aus der Mühle
1 Bund Estragon
1 Bund Majoran
1 Bund Thymian
1 Bund Salbei
3 El Öl

Garnierung
Einige Rosmarinzweige

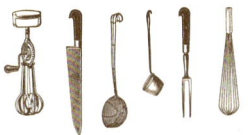

Vorküche

Die Lammkeule waschen, trockentupfen und von allen Häuten
und Fett befreien. Mit Salz und Pfeffer kräftig einreiben.

Zubereitung

Die Kräuter unter fließendem Wasser gründlich abspülen,
trockenschleudern, grob hacken und mit dem Öl zu einer Paste
verrühren. Mit einem scharfen Messer etwa 6–8 kleine Taschen in
die Lammkeule schneiden und mit den Fingern die Kräuterpaste
fest hineindrücken. Die Lammkeule auf ein Backblech legen und
im auf 200 °C vorgeheizten Backofen 1¼ Stunden braten.
Während des Garvorgangs die Keule immer wieder mit der
Kräuterpaste bestreichen. Vor dem Anschneiden die Keule
10–15 Minuten ruhen lassen.

Servieren

Die Keule auf einer Fleischplatte anrichten und mit
einigen Rosmarinzweigen garnieren. Als Beilage schmecken
Kartoffelgratin und Bohnen im Speckmantel.

Merkzettel

Die fertige Lammkeule muss nach dem Garen 10–15 Minuten ruhen.
So können sich die Säfte besser verteilen, und das Fleisch
lässt sich besser tranchieren.

Lammstotzen

(Lammhaxen)

Für 4 Personen
Zubereitungszeit: 20 Minuten
Koch- & Bratzeit: 2 Stunden

Einkaufsliste/Zutaten

1 Lammkeule
Salz
Pfeffer
2 Knoblauchzehen
50 g Bratfett
4 Möhren
6 Nelken
1 Zwiebel
2 Tassen Fleischbrühe
1 kg Kartoffeln

Garnierung

1 El gehackte Petersilie

Vorküche

Die Lammkeule entbeinen, von allen Sehnen und
Häuten befreien, unter fließendem Wasser abwaschen
und trockentupfen. Mit Salz und Pfeffer kräftig
einreiben und mit den geschälten und in Stifte
geschnittenen Knoblauchzehen spicken.

Zubereitung

In einem Bräter das Fett erhitzen und die Keule von
allen Seiten kräftig anbraten. Die geputzten und in
Scheiben geschnittenen Möhren und eine geschälte und
mit Nelken gespickte Zwiebel zugeben.
Die Fleischbrühe bis auf einen kleinen Rest angießen
und im auf 200 °C vorgeheizten Backofen 1¾ Stunden
garen. Hin und wieder das Fleisch wenden und mit dem
Bratensaft begießen. In der Zwischenzeit die Kartoffeln
waschen, schälen und in grobe Stücke schneiden.
Die Kartoffeln 45 Minuten vor Ende der Garzeit um
die Lammkeule verteilen und den Bratensaft mit der
restlichen Brühe verdünnen.

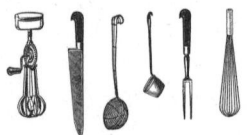

Servieren
Das Fleisch aus dem Bräter heben und in Scheiben
schneiden. Auf vorgewärmte Teller verteilen, mit
Petersilie bestreuen und mit je einer Portion Kartoffeln
und Möhren noch heiß servieren.
Als Getränk schmeckt dazu ein Glas Rotwein.

Merkzettel
Aromatischer als die krause Petersilie
ist ihre glatte Verwandte.

Münsterländer Töttchen

(Kalbskopf-Ragout)

Für 4 Personen
Zubereitungszeit: 1 Stunde
Koch- & Bratzeit: 2½ Stunden

Einkaufsliste/Zutaten

1 Kalbskopf mit Zunge und Hirn
1 Kalbsherz
2 Stangen Lauch
1 kleine Sellerieknolle
3 große Zwiebeln
3 Wacholderbeeren
1 kleines Glas Kapern
2 Lorbeerblätter
1 Tl getrockneter Thymian
Salz
100 g Butter
2 El Mehl
Weißer Pfeffer aus der Mühle
1 El gekörnte Gemüsebrühe
2 cl Portwein

Garnierung

Scharfer Senf

Vorküche

Das Fleisch gründlich waschen. Lauch putzen und in
dünne Ringe schneiden. Sellerie schälen, waschen und
in Würfel schneiden. Die Zwiebeln schälen, zwei davon
grob zerteilen, eine fein würfeln. Wacholderbeeren im
Mörser leicht andrücken. Kapern in ein Sieb geben
und mit kaltem Wasser abspülen.

Zubereitung

In einem sehr großen Topf den Kalbskopf, Herz, Lauch,
Sellerie, grobe Zwiebeln und alle Gewürze mit gut
10 l Wasser aufgießen und kräftig salzen. Aufkochen
und bei mittlerer Hitze 2 Stunden köcheln lassen.
Das Fleisch herausheben, von den Knochen lösen, von
der Zunge die dicke Haut entfernen und in Würfel
schneiden. Die Butter in einem Topf erhitzen, darin die
gewürfelte Zwiebel glasig werden lassen und mit Mehl
bestäuben. Mit 750 ml von der Kalbsbrühe aufgießen
und die gekörnte Brühe zufügen. Das klein geschnittene
Fleisch zufügen und mit Kapern und Portwein
abschmecken.

Servieren
Servieren Sie das »Töttchen« in tiefen Tellern
und reichen Sie frische Brötchen
und Senf dazu. Das passende Getränk ist
natürlich ein kühles Bier.

Merkzettel
Für die Zubereitung des »Töttchens«
müssen Sie die Zutaten
bei Ihrem Metzger vorbestellen.

Ochsenbrust

Für 4 Personen
Zubereitungszeit: 30 Minuten
Koch- & Bratzeit: 2 Stunden

Einkaufsliste/Zutaten

¼ Sellerieknolle
1 Möhre
1 Petersilienwurzel
1 Zwiebel
1 kg Ochsenbrust (ohne Knochen)
1 Lorbeerblatt
Pfeffer

Für die Meerrettichsoße

250 ml Milch
250 ml Ochsenbrühe
60 g geriebenes Weißbrot
1 El frisch geriebener Meerrettich
125 ml Sahne
Salz
Pfeffer
Essig

Garnierung

½ Bund Schnittlauch

Vorküche

Sellerie, Möhre, Petersilienwurzel und Zwiebel schälen, putzen
und in Scheiben schneiden. Schnittlauch waschen, trockenschütteln
und in feine Röllchen schneiden.

Zubereitung

Das Fleisch waschen und mit dem Lorbeerblatt und reichlich Pfeffer in
1 l Salzwasser zum Kochen bringen. Etwa 1½ Stunden köcheln lassen,
dann das Gemüse dazugeben und alles nochmals 30 Minuten köcheln
lassen, bis das Fleisch schön weich ist.
Für die Meerrettichsoße die Milch, die Brühe und das Weißbrot
in einen Topf geben und unter ständigem Rühren kurze Zeit köcheln
lassen. Den geriebenen Meerrettich und die Sahne unterrühren.
Mit Salz, Pfeffer und Essig abschmecken. Das Fleisch aus dem Sud
heben und in fingerdicke Scheiben schneiden.

Servieren

Zum Servieren die Ochsenbrustscheiben mit dem Gemüse
auf einer Platte anrichten. Alles mit den Schnittlauchröllchen bestreuen
und die Meerrettichsoße getrennt dazu reichen.

Merkzettel

Kalt aufgeschnitten ist die Ochsenbrust ein köstlicher Brotbelag.

Ochsenschwanzragout

Für 4 Personen
Zubereitungszeit: 30 Minuten
Koch- & Bratzeit: 3¼ Stunden

Einkaufsliste/Zutaten

3 kg Ochsenschwanz
Salz
Schwarzer Pfeffer aus der Mühle
3 El Mehl
2 Zwiebeln
2 Möhren
1 Stück Sellerie
2 Petersilienwurzeln
2 Knoblauchzehen
2 El Butterschmalz
1 El Tomatenmark
1 Msp. gemahlener Piment
2 Nelken
2 Lorbeerblätter
500 ml Rotwein
1 l Rinderbrühe

Garnierung
Gehackte Petersilie

Vorküche

Die Ochsenschwanzstücke waschen, salzen, pfeffern
und im Mehl wenden. Alles Gemüse waschen, putzen
und in grobe Würfel schneiden.

Zubereitung

Das Fett in einem großen Bräter erhitzen und darin die
Schwanzstücke von allen Seiten anbraten. Das Gemüse
zufügen und ebenfalls Farbe annehmen lassen. Nun
Tomatenmark und alle Gewürze zufügen und kurz
mitrösten. Den Rotwein und die Rinderbrühe angießen
und den geschlossenen Topf 2½–3 Stunden auf kleiner
Flamme schmurgeln lassen. Sobald sich das Fleisch
leicht vom Knochen löst, ist der Ochsenschwanz gar.
Alle Stücke aus der Soße nehmen und das Fleisch
ablösen. Knochen entsorgen. Die Soße durch ein Sieb
gießen, Nelken und Lorbeerblätter entfernen und das
Gemüse wieder in die Soße geben. Mit einem Stabmixer
das Gemüse in der Soße pürieren und so die Soße
binden. Das Fleisch wieder in die Soße geben und
eventuell noch einmal abschmecken.

Servieren
Füllen Sie das Ochsenschwanzragout in eine Suppenschüssel.
Reichen Sie dazu Semmelknödel und den gleichen Rotwein,
den Sie zum Kochen verwendet haben.

Merkzettel
Den Ochsenschwanz schon vom Metzger
in Stücke schneiden lassen.

Pfefferpotthast

(Eine Art Gulasch)

Für 4 Personen
Zubereitungszeit: 30 Minuten
Kochzeit: 1¾ Stunden

Einkaufsliste/Zutaten

750 g Rindfleisch
4 Zwiebeln
1 kleines Glas Kapern
50 g Butterschmalz
1 l Fleischbrühe
10 Pfefferkörner
2 Lorbeerblätter
2 Nelken
1 El Speisestärke
2 El Essig
Etwas Bier

Garnierung

Grob gemahlener Pfeffer

Vorküche

Das Rindfleisch waschen und von allen Häuten und Sehnen befreien.
Die Zwiebeln schälen und in Ringe schneiden. Kapern in einem Sieb abspülen.

Zubereitung

Das Butterschmalz in einer großen Kasserolle erhitzen. Das Fleisch nur kurz anbraten,
dabei aber häufig wenden. Zwiebelringe zufügen und ebenfalls anbraten.
Die Fleischbrühe angießen und Pfefferkörner, Lorbeerblätter und Nelken zufügen.
Der »Pott« muss nun 1½ Stunden auf kleiner Flamme langsam schmoren, bis das
Fleisch weich ist. Das Rindfleisch aus dem Sud heben und in Stücke schneiden.
Den Sud durch ein Sieb gießen und 500 ml davon abmessen. Diese Menge wieder in
die Kasserolle füllen und aufkochen. Die Speisestärke mit wenig Wasser anrühren und
damit die Soße binden. Mit Kapern, Essig und einem guten Schuss Bier abschmecken.
Das Fleisch wieder in die Soße geben und erwärmen.

Servieren

Servieren Sie den Pfefferpotthast mit grobem Pfeffer bestreut in einer Ragoutschüssel
und reichen Sie Salzkartoffeln und Gewürzgurken dazu.

Merkzettel

Pfefferpotthast ist ein Traditionsessen und kommt in den westfälischen Haushalten
an Festtagen auch heute noch auf den Tisch.

Pökelschinken
in Rotweinsoße

Für 8–10 Personen
Zubereitungszeit: 1 Stunde (ohne Wartezeit)
Koch- & Bratzeit: 4½ Stunden

Einkaufsliste/Zutaten

2,5 kg mild gepökelter Schinken

1 Möhre

1 Zwiebel

1–2 Flaschen trockener Rotwein

250 ml Gemüsebrühe

2 Nelken

2 Lorbeerblätter

1 Tl Zucker

2 El Speisestärke

Vorküche

Den Schinken mit kaltem Wasser bedeckt in einem Topf zum Kochen bringen
und 2½ Stunden auf kleiner Flamme köcheln. Möhre und Zwiebel schälen und grob
zerteilen. Den Rotwein mit der Gemüsebrühe, dem Gemüse und allen Gewürzen
vermischen und in den Kochtopf füllen. Den Schinken hineinlegen – er muss mit
Rotwein bedeckt sein – und über Nacht darin ziehen lassen.

Zubereitung

Den Topf auf die Flamme setzen und auf mittlerer Hitze weitere 2 Stunden garen.
Den Schinken aus dem Topf heben, in den Backofen legen und unter
dem Grill die Schwarte 10 Minuten brutzeln lassen. So wird sie wieder knusprig.
Die Soße in dieser Zeit aufkochen und mit aufgelöster Speisestärke binden.

Servieren

Servieren können Sie den Schinken auf zweierlei Art: Für das Partybuffet wird er
aufgeschnitten und mit Pumpernickel, Brot und scharfem Senf angeboten. Möchten
Sie ihn mit der Rotweinsoße servieren, gehören Salzkartoffeln und ein herzhaftes
Gemüse wie zum Beispiel Rotkohl dazu – oder frischer, knackiger Feldsalat.

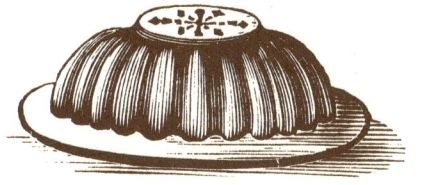

Rebhühner
auf Apfelsauerkraut

Für 4 Personen
Zubereitungszeit: 40 Minuten
Brat- & Kochzeit: 45 Minuten

Einkaufsliste/Zutaten
50 g Speck
2 große Äpfel
1 kleine Zwiebel
4 küchenfertige Rebhühner
6 Scheiben Schinkenspeck
2 El Butterschmalz
600 g Sauerkraut
1 Glas Weißwein
1 Lorbeerblatt
4 – 6 Wacholderbeeren
Salz
Pfeffer
40 g Butterflöckchen

Garnierung
Einige karamellisierte Apfelscheiben

Vorküche

Den Speck in kleine Stücke schneiden. Die Äpfel waschen, halbieren,
vom Kerngehäuse befreien und in Stücke schneiden. Die Zwiebel schälen und in
feine Würfel schneiden. Die Rebhühner gründlich waschen, trockentupfen und
die Innenseite salzen. Mit den Schinkenspeckscheiben umwickeln.

Zubereitung

In einem Topf 1 El Butterschmalz nicht zu stark erhitzen und den Speck darin
glasig andünsten. Sauerkraut, Äpfel, Zwiebel, Weißwein und Gewürze dazugeben
und alles bei mittlerer Hitze etwa 20 Minuten köcheln lassen. Zwischenzeitlich
die Rebhühner in 1 El Butterschmalz nicht zu stark und nur kurz anbraten.
Das Apfelsauerkraut in eine Auflaufform füllen, die angebratenen Rebhühner
darauf setzen, mit den Butterflöckchen belegen und im Backofen
etwa 25 Minuten gar dünsten.

Servieren

Die Auflaufform zu Tisch bringen und mit den karamellisierten Apfelscheiben
garniert servieren. Dazu einen gekühlten Weißwein reichen.

Merkzettel

Die Jagdzeit für Rebhühner ist vom 1. September bis zum 15. Dezember.

Rehrücken im Speckmantel

Für 4 Personen
Zubereitungszeit: 10 Minuten
Bratzeit: 30 Minuten

Einkaufsliste/Zutaten
1,5 kg Rehrücken
10 Wacholderbeeren
Salz
Pfeffer
150 g dünne Speckscheiben
2 Zwiebeln
2 El Butterschmalz
500 ml Wildfond
1 Becher Crème fraîche
2 El Johannisbeermarmelade

Garnierung
1 El gehackte Petersilie

Vorküche

Das Fleisch waschen, trockentupfen und eventuell von überflüssigem Fett befreien. Die Wacholderbeeren im Mörser zerstoßen und das Fleisch damit und mit wenig Salz und mit Pfeffer einreiben. Die Speckscheiben um den Rehrücken legen. Die Zwiebeln schälen und grob in Würfel schneiden. Den Backofen auf 250 °C vorheizen.

Zubereitung

Das Butterschmalz in einem Bräter erhitzen und das Fleisch kurz darin anbraten. Die Zwiebelstücke und den Wildfond dazugeben und das Ganze im Backofen etwa 20 Minuten garen lassen. Dabei hin und wieder mit dem Bratenfond begießen. Nach der Garzeit, das Fleisch sollte jetzt außen gebräunt und innen zartrosa gefärbt sein, das Fleisch aus dem Bräter nehmen und in Alufolie gewickelt im ausgeschalteten Backofen ruhen lassen. Den Bratenfond durch ein Sieb in einen Topf gießen, aufkochen lassen und mit der Crème fraîche verrühren. Zu einer sämigen Soße reduzieren und mit Salz und Pfeffer würzen. Abschließend die Johannisbeermarmelade einrühren.

Servieren

Den Rehrücken in Scheiben schneiden, auf einer Fleischplatte anrichten und mit der Soße begießen. Die Petersilie darüber streuen und mit Kartoffelknödeln oder Spätzle, Rotkohl oder Rosenkohl servieren.

Merkzettel

Beste Einkaufszeit für Rehfleisch von weiblichen Tieren (Geißen) ist von Oktober bis Februar, das von männlichen Tieren (Böcke) von August bis März.

Rinderbraten
auf saarländische Art

Für 4 Personen
Zubereitungszeit: 20 Minuten
Bratzeit: 1–1½ Stunden

Einkaufsliste/Zutaten
1 kg Rindfleisch
150 g magerer Speck
1 Möhre
1 große Zwiebel
½ Sellerieknolle
2 El Butterschmalz
Salz
Pfeffer
1 Lorbeerblatt
½ Flasche dunkles Bier
500 ml Fleischbrühe (Instant)
3 El geeiste Butter

Garnierung
2 El gehackte Petersilie

Vorküche

Das Fleisch waschen, trockentupfen und mit einem spitzen Messer kleine Schnitte hineinschneiden. Den Speck in kleine Stifte schneiden und in die Fleischtaschen spicken. Möhre, Zwiebel und Sellerie schälen und in grobe Stücke schneiden.

Zubereitung

In einem großen Bräter das Butterschmalz erhitzen und den Braten darin kräftig von allen Seiten anbraten. Das Gemüse dazugeben und kurz mit anbraten. Mit Salz, Pfeffer und dem Lorbeerblatt würzen. Mit Bier und Brühe ablöschen und bei kleiner Hitze etwa 1–1½ Stunden schmoren lassen. Hin und wieder das Fleisch drehen. Das Fleisch aus dem Topf heben und in Alufolie warm halten. Die Soße durch ein Sieb streichen, im Topf nochmals aufkochen und mit geeister Butter binden. Gegebenenfalls nochmals mit Salz und Pfeffer nachwürzen.

Servieren

Den Braten in Scheiben schneiden, auf einer vorgewärmten Platte anrichten, mit der Soße übergießen und der Petersilie bestreuen. Dazu Kartoffelklöße und Gemüse oder Salat der Saison servieren.

Merkzettel

Beim Rindfleischkauf sollte man immer auf gut abgehangenes Fleisch bestehen.

Rinderzunge
mit Kapernsoße

Für 4 Personen
Zubereitungszeit: 20 Minuten (ohne Wartezeit)
Koch- & Bratzeit: 1 Stunde

Einkaufsliste/Zutaten

1 kg Rinderzunge
1 Bund Suppengrün
1 Lorbeerblatt
3 Nelken
1 Tl schwarze Pfefferkörner
Salz

Für die Soße

1 große, fein gehackte Zwiebel
50 g Butter
40 g Mehl
1 kleines Glas Kapern
1 Tl abgeriebene Schale von 1 unbehandelten Zitrone
1 Tl Zucker
Salz
Weißer Pfeffer aus der Mühle
2 Eigelb
3 El süße Sahne

Garnierung

1 El fein gehackte Petersilie

Vorküche

Die Rinderzunge gut reinigen und über Nacht wässern.
Das Suppengrün putzen und in grobe Stücke teilen.
Die Zunge mit dem Suppengrün kalt aufsetzen.
Lorbeerblatt, Nelken, Pfefferkörner und Salz zugeben
und alles langsam aufkochen lassen.

Zubereitung

Bei geschlossenem Topf etwa 30 Minuten fertig garen.
Die Zunge ist gar, wenn man mit Daumen und
Zeigefinger leicht in die Zungenspitze eindringen kann.
Die fertige Zunge aus der Brühe heben, in kaltes Wasser
legen und gleich enthäuten. Die Brühe durch ein
Sieb passieren und die Zunge wieder in die
warme Brühe legen.
Die Zwiebel in der Butter anschwitzen, das Mehl
einsieben und gut miteinander verrühren. Mit der
Zungenbrühe auffüllen und 5 Minuten köcheln lassen.
Die Kapern mit der abgeriebenen Zitronenschale und
dem Zucker zu der Soße geben. Mit Salz und Pfeffer
abschmecken. Die Eigelbe mit der Sahne verquirlen
und die Soße damit binden.

Servieren

Die Zunge in Scheiben schneiden, auf einer
vorgewärmten Fleischplatte anrichten, mit der Soße
übergießen und mit Petersilie bestreuen.
Noch heiß mit Salzkartoffeln servieren.

Merkzettel

Die besten und kleinsten Kapern werden in
Südfrankreich angebaut.
Je später Kapern an ein Gericht kommen,
desto pikanter entwickelt sich ihr Geschmack.

Saarländischer Sauerbraten

Für 4 Personen
Zubereitungszeit: 35 Minuten (ohne Wartezeit)
Bratzeit: 1¼ Stunden

Einkaufsliste/Zutaten

Für die Marinade
4 Möhren
¼ Sellerieknolle
4 Zwiebeln
2 Scheiben Roggenbrot
2 Lorbeerblätter
6 Wacholderbeeren
500 ml Rotwein
1 Tl Senfkörner
500 ml Essig
8 Pfefferkörner
4 Gewürznelken

Für den Braten
1 kg Rindfleisch
2 El Butterschmalz
Salz
Pfeffer
Johannisbeergelee
1 Tl Zucker
50 g geeiste Butter

Vorküche

Möhren und Sellerie schälen, waschen und in kleine Stücke schneiden. Die Zwiebeln schälen und in feine Ringe schneiden. Das Roggenbrot zerbröseln (nicht zu klein). Die Zutaten für die Marinade in eine Schüssel geben und miteinander verrühren. Das Fleisch waschen, trockentupfen und in die Marinade legen. Die Schüssel abdecken und an einem kalten Ort mindestens 2 Tage (besser länger) ziehen lassen.

Zubereitung

Das Fleisch aus der Marinade nehmen und gut abtupfen. Zwiebeln, Gemüse und Brot ebenfalls aus dem Sud nehmen und gut abtropfen lassen. Die übrige Flüssigkeit durch ein Sieb passieren, die Gewürze werden nicht mehr benötigt.
Das Butterschmalz in einem Bräter erhitzen und das Fleisch darin von allen Seiten kräftig anbraten. Zwiebeln, Gemüse und Brot dazugeben und kurz mit anbraten. Mit gut der Hälfte der Marinade ablöschen. Mit Salz und Pfeffer würzen. Zusammen etwa 1¼ Stunden bei geschlossenem Deckel und mittlerer Hitze köcheln lassen.
Gegebenenfalls noch etwas Marinade dazugeben und den Braten hin und wieder drehen. Nach Ende der Garzeit den Braten aus dem Topf heben und in Alufolie warm halten. Die Soße mit dem Pürierstab pürieren. Das Johannisbeergelee und den Zucker unter die Soße rühren, kurz aufkochen lassen und mit geeister Butter andicken.

Servieren

Das Fleisch in Scheiben schneiden, auf einer Fleischplatte anrichten und mit der Soße begießen. Zum Sauerbraten Klöße und Rotkohl servieren.

Merkzettel

Je länger das Fleisch in der Marinade liegt (kann bis zu einer Woche kühl gestellt ziehen), umso zarter wird der Braten.

Sächsischer Sauerbraten

Für 4 Personen
Zubereitungszeit: 20 Minuten (ohne Wartezeit)
Koch- & Bratzeit: 2 Stunden

Einkaufsliste/Zutaten

Für die Marinade
2 Lorbeerblätter
5 Pimentkörner
5 Nelken
15 Pfefferkörner
100 ml Weinessig
250 ml Malzbier

Für den Braten
800 g Rindfleisch
100 g fetter Speck
40 g Schmalz
Zucker
¼ gewürfelte Sellerieknolle
2 in Scheiben geschnittene Möhren
500 ml Fleischbrühe
3 El Tomatenmark
Salz
½ Päckchen Pfefferkuchen (ca. 50 g)
3 El Sahne
2 El Rosinen

Vorküche

500 ml Wasser zum Kochen bringen, Lorbeerblatt, Piment, Nelken
Pfefferkörner und Essig zugeben. Die Marinade erkalten lassen und das
Bier zugießen. Das Fleisch abwaschen, trockentupfen und Sehnen,
Häute und Fett entfernen. Das Fleisch in einen Steinguttopf legen, mit
der Marinade übergießen und 5–6 Tage an einem kühlen Ort ruhen
lassen. Zwischendurch das Fleisch mehrmals wenden.

Zubereitung

Das Fleisch aus dem Topf nehmen, abtropfen lassen und trockentupfen.
Den Speck in Streifen schneiden und den Braten damit spicken.
Das Schmalz in einem Bräter erhitzen und das Fleisch von allen Seiten
kräftig anbraten. Etwas Zucker in den Bratensaft geben und
karamellisieren lassen. Das Wurzelgemüse hinzugeben und leicht
anschwitzen lassen. Das Ganze mit etwas Brühe ablöschen.
Das Tomatenmark zugeben und die restliche Brühe angießen.
Den Braten mit geschlossenem Deckel 1–1½ Stunden garen.
Danach das Fleisch aus dem Bräter heben und warm stellen.
Den Pfefferkuchen zerbröseln und zu dem Bratensaft geben.
Alles durch ein Sieb passieren, mit der Sahne binden, die Rosinen
zugeben und nochmals kurz aufwallen lassen.

Servieren

Den Braten mit einem Elektromesser in Scheiben schneiden
und mit Kartoffelklößen reichen.

Merkzettel

Um den Geschmack abzurunden, kann man der Soße
etwas Honig oder Rübenkraut zufügen.

Sauenfilet in Altbiersoße mit »geschmolzenen« Äpfeln

Für 4 Personen
Zubereitungszeit: 45 Minuten
Koch- & Bratzeit: 45 Minuten

Einkaufsliste/Zutaten

750 g Sauenfilet
2 Zwiebeln
Salz
Schwarzer Pfeffer aus der Mühle
1 El Butter
250 ml Altbier
200 ml Schmand
1 El Kartoffelstärke

Für die Äpfel

4 Äpfel
2 El Zitronensaft
2 Salbeiblätter
2 El Butter

Garnierung

Petersilienblättchen

Vorküche

Das Sauenfilet von allen Häutchen und Sehnen befreien. Zwiebeln schälen und in
Ringe schneiden. Äpfel schälen, halbieren, Kerngehäuse entfernen und in Schnitze
schneiden. Mit Zitronensaft beträufeln. Salbeiblätter in feine Streifen schneiden.

Zubereitung

Das Sauenfilet in 8 gleichmäßige Scheiben schneiden. Auf beiden Seiten salzen und
pfeffern. 1 El Butter in der Pfanne zerlassen und darin die Fleischscheiben von beiden
Seiten anbraten. Die Zwiebelringe zufügen und ebenfalls anbraten. Die Filetscheiben
aus der Pfanne heben und im Backofen unter Alufolie warm halten. Zwiebelringe mit
Bier aufgießen und einmal aufkochen lassen. Die Kartoffelstärke mit dem Schmand
vermischen und in die Soße geben. Noch einmal abschmecken und warm halten.
In einer anderen Pfanne die restliche Butter erhitzen und die Apfelspalten mit dem
Salbei darin anbraten und eine goldgelbe Farbe annehmen lassen.

Servieren

Zum Servieren die Filetscheiben auf einer Platte anrichten und auf jede Scheibe
einige geschmolzene Apfelspalten legen. Die Zwiebelsoße separat dazu reichen.

Merkzettel

Sauenfilet ist das Filet von einem Schwein, das schon einmal geferkelt hat.
Es ist herzhafter im Geschmack und hat eine etwas dunklere Farbe.

Saure Hammelkeule mit Gribichesoße

Für 6–8 Personen
Zubereitungszeit: 1 Stunde (ohne Wartezeit)
Koch- & Bratzeit: 3 Stunden

Einkaufsliste/Zutaten

1 Hammelkeule
2 Möhren
3 Zwiebeln
2 l Buttermilch
250 ml Weinessig
2 Lorbeerblätter
1 Tl Salz
1 Tl Zucker
½ Tl schwarze Pfefferkörner
40 g Schmalz
1 kleines Döschen Tomatenmark
200 ml Schmand
1 El Kartoffelstärke

Für die Gribichesoße

4 Eier
2 Gewürzgurken
1 Bund Schnittlauch
1 Bund Petersilie
1 Zwiebel
2 El Essig
Salz
4 El Öl

Vorküche

Das Fleisch waschen und alle Häutchen und Sehnen entfernen. Für die Beize
die Möhren und die 3 Zwiebeln schälen und grob schneiden. Mit Buttermilch,
Essig, Lorbeerblättern, Salz, Zucker und Pfefferkörnern vermischen.
Die Keule in einen großen Gefrierbeutel legen und die Beize darüber gießen.
Drei Tage im Kühlschrank marinieren.
Für die Gribichesoße am Tag der Zubereitung die Eier hart kochen und die
Gewürzgurken, den Schnittlauch, die Petersilie und die Zwiebel sehr fein würfeln.

Zubereitung

Das Fleisch aus der Marinade nehmen, trockentupfen, salzen und pfeffern.
Das Schmalz in einer Kasserolle erhitzen. Darin die Keule von allen Seiten anbraten.
Das Tomatenmark zufügen. Die Marinade durch ein Sieb gießen. Die Hälfte der
Marinade zur Keule geben und im Backofen etwa 3 Stunden bei 190 °C garen.
In dieser Zeit immer wieder von der restlichen Marinade angießen. Die Keule aus dem
Bräter heben und warm stellen. Den Schmand einrühren und mit der in etwas Wasser
aufgelösten Kartoffelstärke binden. Nochmals abschmecken.
Alle Zutaten für die Gribichesoße vermischen und in eine Schüssel füllen.

Servieren

Servieren Sie die Hammelkeule auf einer Platte und reichen Sie dazu
Salzkartoffeln sowie die Gribichesoße.

Merkzettel

Die Gribichesoße passt auch zu gekochtem Rindfleisch.

Saure Nieren vom Schwein

Für 4 Personen
Zubereitungszeit: 20 Minuten (ohne Wartezeit)
Koch- & Bratzeit: 25 Minuten

Einkaufsliste/Zutaten

750 g Schweinenieren
500 ml Milch
40 g Schweineschmalz
30 g Mehl
375 ml Fleischbrühe
Salz
Schwarzer Pfeffer aus der Mühle
1 Tl Zucker
5 El Essig
50 g geräucherter, fetter Speck
1 große Zwiebel

Garnierung

1 El Schnittlauchröllchen

Vorküche

Die Nieren der Länge nach aufschneiden, von allen Röhren befreien
und unter fließendem Wasser gründlich waschen. Trockentupfen,
in eine Schüssel geben, mit Milch übergießen und über Nacht
in den Kühlschrank stellen.

Zubereitung

Am nächsten Tag die Milch abgießen und die Nieren sorgfältig
trockentupfen und in dünne Scheiben schneiden. Das Schmalz in einer
Pfanne erhitzen und die Nieren rundum darin etwa 5 Minuten
anbraten. Die Nieren mit Mehl bestäuben und nochmals 3 Minuten
braten. Mit der Fleischbrühe ablöschen und bei geschlossenem Deckel
etwa 10 Minuten ziehen lassen. Mit Salz, Pfeffer, Zucker würzen und
mit Essig herzhaft abschmecken. Die Nieren in eine vorgewärmte
Schüssel geben und warm stellen. Den Speck fein würfeln und in einer
Pfanne knusprig anbraten. In der Zwischenzeit die Zwiebel schälen,
hacken und in dem heißen Speck 5 Minuten goldbraun anschwitzen.

Servieren

Den Speck mit den Zwiebeln über die Nieren geben und mit
den Schnittlauchröllchen bestreuen. Sofort zu Tisch bringen und
Salzkartoffeln dazu reichen.

Merkzettel

Schnittlauch sollte nur roh verzehrt werden, da er beim Kochen
sein ganzes Aroma verliert.

Schäufele
(Geräucherte Schulter vom Schwein)

Für 4 Personen
Zubereitungszeit: 25 Minuten
Bratzeit: 1¼ Stunden

Einkaufsliste/Zutaten
1 kg Schweineschäufele (Schulterspitze)
Salz
Weißer Pfeffer aus der Mühle
½ Tl Kümmel
Majoran
4 Schalotten
1 Scheibe Bauernbrot
125 ml Bier
125 ml Fleischbrühe
2 El saure Sahne

Garnierung
1 El Schnittlauchröllchen

Vorküche

Das Fleisch unter kaltem Wasser abwaschen und mit Küchenpapier
trockentupfen. Auf der Schwartenseite mit einem scharfen Messer
rautenförmig einschneiden und kräftig mit Salz, Pfeffer, Kümmel
und Majoran einreiben.

Zubereitung

Die Schalotten schälen, vierteln, das Brot in Würfel schneiden
und beides in einen Bräter geben. Das Fleisch darauf legen und das Bier
und die Fleischbrühe angießen. Den Bräter auf die mittlere Schiene des
auf 220 °C vorgeheizten Backofens stellen und 1¼ Stunden garen.
Den Braten in der Zwischenzeit immer wieder mit dem Bratenfond
begießen. Nach Ende der Garzeit das Fleisch aus dem Bräter heben und
warm stellen. Den Bratenfond durch ein Sieb in einen Topf passieren,
kurz aufkochen lassen und die saure Sahne einrühren.

Servieren

Das Fleisch in fingerdicke Scheiben schneiden, auf einer vorgewärmten
Platte anrichten und mit den Schnittlauchröllchen bestreuen.
Als Beilage passen Rotkohl und Salzkartoffeln.

Merkzettel

Schnittlauch kann man nur roh verzehren, gebraten oder gedünstet
verliert er sein feines Aroma.

Schmorbraten Engadiner Art

Für 4 Personen
Zubereitungszeit: 30 Minuten
Brat- & Schmorzeit: 2¼ Stunden

Einkaufsliste/Zutaten

750 g Rinderbraten

50 g Speck

Salz

Schwarzer Pfeffer aus der Mühle

1 Zwiebel

2 Knoblauchzehen

2 Möhren

¼ Sellerieknolle

1 Stange Lauch

3 El Olivenöl

1 El Tomatenmark

125 ml Fleischbrühe

1 Glas Rotwein

1 Lorbeerblatt

½ Tl Thymian

½ Tl Rosmarin

½ Tl Majoran

Garnierung

4 gefächerte, kleine Gewürzgurken

Vorküche

Das Fleisch unter fließendem Wasser abwaschen und von allen Häuten und Sehnen befreien. Den Speck in Streifen schneiden und das Fleisch damit spicken. Den Braten mit Salz und Pfeffer kräftig würzen. Die Zwiebel und die Knoblauchzehen schälen und klein hacken. Möhren, Sellerie und Lauch putzen und klein schneiden.

Zubereitung

Das Öl in einem Bräter erhitzen und das Fleisch von allen Seiten anbraten. Das Gemüse zugeben, anrösten, das Tomatenmark zufügen, mit Fleischbrühe und Wein ablöschen. Die Gewürze hineingeben und den Deckel aufsetzen. Den Braten bei mäßiger Hitze etwa 2 Stunden schmoren lassen.

Servieren

Nach Ende der Garzeit das Fleisch quer zur Faser in 1 cm dicke Scheiben schneiden, auf einer vorgewärmten Platte anrichten, mit der Soße übergießen und mit den Gewürzgurken umlegen. Als Beilage schmecken Makkaroni oder Salzkartoffeln.

Merkzettel

Knoblauch gehört zu der Familie der Lauchgewächse und wird als weiße bis rosa-violette Knolle angeboten. Ein Glas Milch oder eiskalter Wodka sollen gegen den unangenehmen Geruch helfen.

Schmorgurken
mit Schweinekamm

Für 4 Personen
Zubereitungszeit: 40 Minuten
Koch- & Bratzeit: 2½ Stunden

Einkaufsliste/Zutaten
1 Bund Suppengrün
2 Zwiebeln (1 große und 1 kleine)
2 Salatgurken (je ca. 500 g)
60 g magerer Speck
4 Tomaten
1,5 kg Schweinenacken
(die Knochen vom Metzger auslösen
und fein hacken lassen)
Salz
Pfeffer
Kümmel
4 Wacholderbeeren
60 g Butter
1 Prise Zucker
1 El Mehl
1 El Essig
1 El Tomatenmark

Garnierung
Einige Petersilienblättchen

Vorküche

Das Suppengrün schälen, putzen und würfeln. Die große Zwiebel ebenfalls schälen und in kleine Würfel schneiden. Die Salatgurken schälen, halbieren, von den Kernen befreien und in dicke Scheiben schneiden. Die kleine Zwiebel ebenfalls schälen und mit dem Speck in kleine Würfel schneiden. Die Tomaten heiß überbrühen. Die Haut abziehen, die Kerne entfernen und das Fleisch in Würfel schneiden. Den Backofen auf 200 °C vorheizen.

Zubereitung

Das Fleisch und die Knochen gründlich waschen, abtrocknen und mit Salz und Pfeffer einreiben. In eine mit Wasser gefüllte Bratpfanne legen und in den Backofen schieben. Sobald der Bratensatz bräunt, das Suppengrün, Zwiebel, Kümmel, Wacholderbeeren und etwas Wasser zufügen. Das Fleisch hin und wieder mit dem Bratensatz begießen und etwa 1½ Stunden schmoren lassen. Bei Bedarf etwas Wasser nachgießen. Butter in einem Schmortopf zerlassen und die Zwiebel-Speck-Würfel darin kurz anschwitzen. Die Gurken und eine Prise Zucker in den Topf geben, 15 Minuten garen lassen, mit Mehl bestäuben, etwas Wasser angießen und weitere 20 Minuten zugedeckt köcheln lassen. Die Tomatenwürfel unterheben und nochmals aufkochen lassen. Mit Salz, Pfeffer und Essig abschmecken. Das Fleisch aus dem Sud heben und warm stellen. Dem Fleischsud Tomatenmark zugeben, kurz schmoren lassen und mit etwas Wasser loskochen. Dann durch ein Sieb gießen und bis zur gewünschten Menge einkochen lassen. Mit Salz abschmecken.

Servieren

Das Fleisch in Scheiben schneiden, auf einer Platte anrichten und mit den Gurken umlegen. Servieren Sie dazu die Soße und Salzkartoffeln oder Kartoffelbrei und bestreuen Sie das Ganze mit Petersilie.

Merkzettel

Für dieses Gericht eignen sich Gemüsegurken zwar besser, sie sind aber oft bitterer.

Schwäbische Rinderroulade

Für 4 Personen
Zubereitungszeit: 25 Minuten
Koch- & Bratzeit: 1½ Stunden

Einkaufsliste/Zutaten

4 Rinderrouladen
Salz
Schwarzer Pfeffer aus der Mühle
3 El Bratwurstbrät
1 klein geschnittene Gewürzgurke
1 klein gehackte Zwiebel
1 El gewiegte Petersilie
40 g Butterschmalz
125 ml Fleischbrühe
2 Tl Kartoffelstärke
125 ml saure Sahne

Garnierung

2 geviertelte Tomaten

Vorküche

Die Rinderrouladen waschen und trockentupfen, auf den
Innenseiten salzen und pfeffern. Die Fleischscheiben mit dem
Bratwurstbrät bestreichen, mit den Gurkenwürfeln, der Hälfte
der Zwiebel und etwas Petersilie belegen.

Zubereitung

Die Scheiben aufrollen, mit Holzspießchen oder Küchengarn
zusammenhalten. Das Butterschmalz in einem Bräter erhitzen und
die Rouladen und die restliche Zwiebel darin anbraten, mit der
Fleischbrühe ablöschen und bei mäßiger Hitze etwa 70 Minuten
schmoren. Gegebenenfalls etwas Flüssigkeit nachgießen. Nach Ende der
Garzeit die Rouladen herausnehmen und warm stellen.
Die Kartoffelstärke mit etwas Wasser verrühren und die Soße damit
binden. Die saure Sahne unterrühren und gegebenenfalls nochmals mit
Salz und Pfeffer nachwürzen. Vor dem Servieren die Holzspießchen
bzw. das Küchengarn entfernen.

Servieren

Die Rouladen auf vorgewärmten Tellern anrichten, mit Tomatenvierteln
garnieren und die Soße getrennt dazu reichen.
Als Beilage schmecken Spätzle und ein frischer Salat.

Merkzettel

Für die Rouladenfüllung kann man anstelle des Bratwurstbrät
auch eine Scheibe Schwarzwälder Schinken nehmen.

Schweinefilet in Blätterteig

Für 4 Personen
Zubereitungszeit: 15 Minuten
Bratzeit: 40 Minuten

Einkaufsliste/Zutaten

1 Packung Blätterteig (tiefgekühlt)
1 kg Schweinefilet
Salz
Pfeffer
1 El Butterschmalz
Rosmarinnadeln
1 Eigelb

Garnierung

2 El gehackte Petersilie

Vorküche
Den Blätterteig aus der Packung nehmen und auftauen lassen.
Das Fleisch waschen, trockentupfen und mit Salz und Pfeffer würzen.
Den Backofen auf 200 °C vorheizen.

Zubereitung
In einer Pfanne das Butterschmalz erhitzen und das Fleisch darin von
allen Seiten kräftig anbraten. Einige Rosmarinnadeln dazugeben, diese
aber nicht zu kräftig anbraten lassen – sie werden sonst zu schnell
schwarz und schmecken nicht mehr. Das Fleisch aus der Pfanne
nehmen und abkühlen lassen. Den Blätterteig auf einer bemehlten
Arbeitsfläche auslegen, miteinander verbinden und etwas ausrollen.
Das Fleisch darauf legen und mit dem Teig einhüllen. Die Teigenden
festdrücken und alles mit dem Eigelb bestreichen. Auf ein Backblech
legen und etwa 30 Minuten knusprig braten lassen.

Servieren
Schweinefilet in Blätterteig auf einer Fleischplatte anrichten,
mit der Petersilie bestreuen und mit einem frischen grünen
Salat servieren.

Merkzettel
Geben Sie etwas gebratenen Speck mit frischen Pilzen
und Zwiebeln mit in die Blätterteighülle.

Schweinshaxen

Für 4 Personen
Zubereitungszeit: 20 Minuten
Bratzeit: 2½ Stunden

Einkaufsliste/Zutaten

2 hintere Schweinshaxen
1 Zwiebel
Salz
Schwarzer Pfeffer aus der Mühle
40 g Butterfett

Garnierung

Einige Blättchen Majoran

Vorküche

Die Haxen gründlich waschen und alle Borsten entfernen.
Die Schwarte rautenförmig einschneiden und gut
mit Salz und Pfeffer einreiben.

Zubereitung

Die Haxen zusammen mit der halbierten ungeschälten Zwiebel,
dem Butterfett und etwas Wasser in eine Kasserolle geben
und im auf 200 °C vorgeheizten Backofen 2–2½ Stunden braten.
Die Haxen dabei häufig wenden und immer wieder mit Bratensaft
begießen. 10 Minuten vor Ende der Garzeit den Grill einschalten,
damit die Haut der Haxen schön kross und knusprig braun wird.

Servieren

Die Haxen auf einer Platte mit Majoranblättchen anrichten
und mit kräftigem Brot, Senf und einem Bier servieren.

Merkzettel

Schneiden Sie vor dem Servieren die Haxe mit einem Ausbeiner
rundherum vom Knochen los.
So lassen sich schönere Scheiben schneiden.

Siedefleisch mit Meerrettich

Für 4 Personen
Zubereitungszeit: 35 Minuten
Kochzeit: 2 Stunden

Einkaufsliste/Zutaten
1 kg Rindfleisch (Hüftstück)
Salz
1 Bund Suppengrün
2 Zwiebeln
1 Tl Pfefferkörner

Garnierung
Sahnemeerrettich

Vorküche
Das Fleisch von allen Häuten befreien, unter fließendem Wasser
abwaschen und abtrocknen.

Zubereitung
2 l gesalzenes Wasser zum Kochen bringen, das Fleisch, das geputzte
Suppengrün, die geschälten, geviertelten Zwiebeln und die
Pfefferkörner zugeben. Alles einmal aufkochen lassen, die Hitze
reduzieren und das Fleisch 2 Stunden gar ziehen lassen. Zwischendurch
den sich bildenden Schaum mit einem Schaumlöffel entfernen.
Nach Ende der Garzeit das Fleisch aus dem Topf heben, abtropfen
lassen und in fingerdicke Scheiben schneiden.

Servieren
Das Fleisch auf einer vorgewärmten Platte anrichten,
mit Sahnemeerrettich garnieren und in Butter geröstete
Kartoffeln dazu reichen.

Merkzettel
Meerrettich ist sehr gesund, er regt die Magensäure an
und wirkt antibiotisch.
Er darf allerdings nicht gekocht werden,
da er sonst sein Aroma verliert.

Sniertjebraa
(Schweinefiletragout mit Zwiebeln)

Für 4 Personen
Zubereitungszeit: 15 Minuten
Bratzeit: 70 Minuten

Einkaufsliste/Zutaten

1 kg frisches Schweinefilet
750 g Zwiebeln
3 El Butterschmalz
1 El Mehl
Salz
Schwarzer Pfeffer aus der Mühle
3 El süße Sahne

Vorküche

Das Fleisch waschen, trockentupfen und in große Stücke schneiden.
Die Zwiebeln schälen und in Ringe schneiden.

Zubereitung

Das Fleisch im heißen Butterschmalz von allen Seiten stark anbraten. Die Zwiebeln
hinzufügen und goldgelb braten, etwas Mehl darüber streuen und mit heißem Wasser
ablöschen. Mit Salz und Pfeffer würzen und etwa 1 Stunde köcheln lassen.
Abschließend etwas Sahne dazugeben und gegebenenfalls nochmals nachwürzen.

Servieren

Das Sniertjebraa auf einer Fleischplatte anrichten, mit den Zwiebeln belegen und der
Soße übergießen. Dazu schmecken Rotkohl, Rote Bete und Salzkartoffeln.

Merkzettel

Dies ist wohl neben dem Jägerschnitzel das beliebteste Fleischgericht der ostfriesischen
Landfrau und jede bereitet es nach »ihrem« Geheimrezept zu.

T

Tafelspitz

Für 4 Personen
Zubereitungszeit: 30 Minuten
Kochzeit: 2½ Stunden

Einkaufsliste/Zutaten

500 g Knochen
Salz
1 kg Rindfleisch
(Tafelspitzstück oder aus der Hinterkeule)
1 Bund Suppengrün
1 Zwiebel
8 weiße Pfefferkörner

Garnierung

Sahnemeerrettich

Vorküche
Die Knochen in gut 2 l Salzwasser zum Kochen bringen. In der
Zwischenzeit das Fleisch kalt abwaschen, trockentupfen und mit dem
geputzten Suppengrün, der geschälten, halbierten Zwiebel und den
Pfefferkörnern in die Brühe geben.

Zubereitung
Die Suppe einmal kräftig aufkochen lassen und bei mäßiger Hitze etwa
2 ½ Stunden sieden lassen. Hin und wieder den sich bildenden Schaum
mit einem Schaumlöffel entfernen. Nach Ende der Garzeit das Fleisch
herausnehmen, abtropfen lassen und in fingerdicke Scheiben schneiden.

Servieren
Die Fleischscheiben auf einer vorgewärmten Fleischplatte
anrichten und frisch zubereiteten Sahnemeerrettich dazu reichen.
Als Beilage schmecken Bouillonkartoffeln.

Merkzettel
Bei der Zubereitung von Tafelspitz entsteht eine schmackhafte Bouillon,
die als Vorsuppe gereicht werden kann.

Thüringer Krustenbraten

Für 4 Personen
Zubereitungszeit: 30 Minuten
Bratzeit: ca. 2 Stunden

Einkaufsliste/Zutaten

2 Möhren

¼ Sellerieknolle

2 mittelgroße Zwiebeln

2 kg Schweineschulter mit Schwarte

Salz

4 El Butterschmalz

1 Lorbeerblatt

4 Nelken

250 ml Fleischbrühe

125 ml helles Bier

100 ml Sahne

Vorküche

Die Möhren und die Sellerieknolle schälen, waschen und in
nicht zu kleine Stücke schneiden. Die Zwiebeln schälen und würfeln.
Das Fleisch waschen und trockentupfen. Die Schweineschwarte
kreuzförmig mit einem scharfen, spitzen Messer einritzen und
das Fleisch salzen.
Den Backofen auf 180 °C vorheizen.

Zubereitung

Das Butterschmalz in einem Bräter erhitzen und das Fleisch von allen Seiten
kräftig anbraten. Das Fleisch anschließend mit dem Gemüse, dem Lorbeerblatt
und den Nelken in den Bräter geben und die Fleischbrühe dazugießen.
In den Backofen schieben und etwa 1½ Stunden schmoren lassen.
Nach dieser Zeit das Bier zugießen und weitere 30 Minuten schmoren.
Den Braten aus dem Fond nehmen und in Alufolie gewickelt warm stellen.
Den Soßenfond mit etwas heißem Wasser loskochen, durch ein Sieb geben und
anschließend mit der Sahne fein abschmecken. Nach Belieben die
Gemüsestücke wieder in die Soße zurückgeben.

Servieren

Das Fleisch in nicht zu dünne Scheiben schneiden und auf einer
Fleischplatte anrichten. Etwas von der Soße darüber gießen und mit
Thüringer Klößen servieren. Den Rest der Soße separat servieren.

Merkzettel

Sie können auch den Metzger bitten, die Schwarte des Schulterstücks
kreuzweise einzuritzen. Den Krustenbraten können Sie auch am
nächsten Tag kalt zu Brot essen.

Thüringer Rostbrätel

Für 4–6 Personen
Zubereitungszeit: 15 Minuten (ohne Wartezeit)
Bratzeit: 10 Minuten

Einkaufsliste/Zutaten
1 kg Schweinekamm
250 ml dunkles Bier (z. B. Köstritzer)
1 El Senf
Salz
5 El Öl
Schwarzer Pfeffer aus der Mühle
750 g Zwiebeln
3 El Butterschmalz

Garnierung
Schwarzbrot mit Senf

Vorküche

Das Fleisch waschen, trockentupfen und in fingerdicke
Scheiben schneiden, die etwa 150 g schwer sein sollten.
Die Fleischscheiben leicht klopfen.
Aus Bier, Senf, Salz, etwas Öl und Pfeffer eine Marinade anrühren.
Das Fleisch hinein geben und alles für einige Stunden im Kühlschrank
gut abgedeckt durchziehen lassen.
Die Zwiebeln schälen und in Scheiben schneiden.

Zubereitung

Die Zwiebeln im heißen Butterschmalz goldbraun braten.
Danach die Rostbrätel abtropfen lassen, auf dem Grill oder mit
ein wenig Öl in der Pfanne von beiden Seiten knusprig braten.

Servieren

Die Rostbrätel auf Schwarzbrot anrichten und ganz dünn mit Senf
bestreichen. Die Zwiebeln auf die Brätel geben und servieren.

Merkzettel

Anstelle von Brot schmeckt auch Kartoffelsalat sehr gut zu diesem Gericht.

Thüringer Schnitzel

Für 4 Personen
Zubereitungszeit: 30 Minuten
Brat- & Backzeit: 15 Minuten

Einkaufsliste/Zutaten
1 Bund Petersilie
1 mittelgroße Zwiebel
800 g Hackfleisch vom Kalb
2 El Paniermehl
1 Ei
1 Msp. Muskatnuss
3 El Butterschmalz

Vorküche
Die Petersilie gründlich waschen, trockenschütteln und fein hacken.
Die Zwiebel schälen und in feine Würfel schneiden.

Zubereitung
Das Hackfleisch in eine Schüssel geben und mit Petersilie,
Zwiebel, Paniermehl, Ei und Muskatnuss vermengen.
Mit nassen Händen kleine Klopse formen.
In einer Pfanne das Butterschmalz erhitzen und die Klopse darin knusprig braten.

Servieren
Servieren Sie die Thüringer Schnitzel mit Bratkartoffeln und kühlem Bier und Korn.

Merkzettel
Die Thüringer Schnitzel können Sie auch am nächsten Tag kalt essen.

U

Überbackene Wildschweinmedaillon

Für 4 Personen
Zubereitungszeit: 25 Minuten
Bratzeit: ca. 30 Minuten*

Einkaufsliste/Zutaten

800 g Wildschweinrücken
300 g Pfifferlinge
1 Bund Petersilie
1 Zwiebel
150 g Parmesan
500 ml Sahne
1 Becher Crème fraîche
1 El Butterschmalz

200 g Maronen (Fertigprodukt)
1 Glas Rotwein
Salz
Pfeffer

Garnierung
1 El gehackte Petersilie

Vorküche

Das Fleisch waschen, trockentupfen und in Medaillons von je 200 g schneiden.
Die Pfifferlinge putzen und je nach Größe klein schneiden. Die Petersilie gründlich
waschen, gut trockenschütteln und fein hacken. Die Zwiebel schälen
und in feine Würfel schneiden. Den Parmesan reiben. Sahne und Crème fraîche
miteinander verquirlen, leicht salzen. Den Backofen auf 200 °C vorheizen.

Zubereitung

Butterschmalz in einer Pfanne erhitzen, die Medaillons darin von beiden Seiten kräftig
anbraten. Die Hitze reduzieren, Zwiebel, Pfifferlinge, Maronen und Petersilie
dazugeben und kurz mit anrösten. Mit Rotwein ablöschen und mit Salz und kräftig
mit Pfeffer würzen. Das Ganze in eine Auflaufform füllen, Parmesan darüber streuen
und mit der Sahne begießen. Im Backofen etwa 30 Minuten backen lassen.

Servieren

Die überbackenen Wildschweinmedaillons mit der Petersilie garnieren und in
der Auflaufform zu Tisch bringen. Dazu Spätzle oder Kartoffelkroketten servieren.

Wachteln im Speckmantel

Für 4 Personen
Zubereitungszeit: 30 Minuten
Bratzeit: 25 Minuten

Einkaufsliste/Zutaten

8 Wachteln
Salz
Pfeffer
16 Scheiben magerer, geräucherter Speck
(dünn geschnitten)
2 kleine Zwiebeln
100 g Backpflaumen
2 El Butterschmalz
400 ml milder Weißwein
2 El Crème fraîche

Garnierung

Einige in Calvados eingelegte Backpflaumen

Vorküche
Die Wachteln waschen, gut trockentupfen, leicht von innen salzen und rundherum mit Pfeffer würzen. Die Wachteln mit jeweils zwei Speckscheiben fest umwickeln. Gegebenenfalls mit Küchenzwirn festbinden. Die Zwiebeln schälen und in kleine Würfel schneiden. Die Backpflaumen in feine Streifen schneiden.

Zubereitung
In einem großen Bräter das Butterschmalz erhitzen und die Wachteln darin von allen Seiten anbraten. Die Zwiebeln dazugeben und kurz anrösten. Mit dem Weißwein ablöschen und die Pflaumen zufügen. Mit geschlossenem Deckel etwa 20 Minuten bei mittlerer Hitze köcheln lassen. Die Wachteln aus dem Topf nehmen und kurz warm halten. Den Bratensaft loskochen und mit Crème fraîche verfeinern. Die Soße mit Salz und Pfeffer abschmecken.

Servieren
Die Soße als Spiegel auf einer Platte verteilen, die Wachteln darauf setzen und mit den Backpflaumen garniert servieren. Dazu Stangenweißbrot oder Kroketten reichen.

Merkzettel
Wachteln sind häufig schwer zu bekommen. Anstelle von Wachteln können Sie für dieses Gericht auch Stubenküken verarbeiten.

Weimarer Fleischtopf

Für 4 Personen
Zubereitungszeit: 35 Minuten
Bratzeit: 20 Minuten

Einkaufsliste/Zutaten

200 g Rinderfilet
200 g Schweinekamm
Salz
Schwarzer Pfeffer aus der Mühle
200 g Bierschinken
2 El Senf
2 Paar Wiener Würstchen
6 Zwiebeln
200 g Gewürzgurken
5 Tomaten
3 El Butterschmalz

Garnierung
1 Bund in Scheiben geschnittene Radieschen

Vorküche

Das Fleisch waschen, trockentupfen und in Scheiben schneiden,
mit Salz und Pfeffer würzen. Den Bierschinken ebenfalls in Scheiben
schneiden und mit Senf bestreichen. Die Wiener Würstchen halbieren
und an den Enden mit einem Kreuzschnitt versehen.
Die Zwiebeln schälen und in Ringe schneiden. Die Gewürzgurken
in Scheiben schneiden. Die Tomaten heiß überbrühen, enthäuten,
entkernen und in kleine Stücke schneiden.

Zubereitung

Das Fleisch in einer Pfanne mit heißem Butterschmalz kräftig anbraten.
Die Würste dazugeben und knusprig braten. Aus der Pfanne nehmen
und warm stellen.
Zwiebelscheiben, Gewürzgurken und Tomatenstücke in das Bratfett
geben, leicht salzen und pfeffern und durchschwitzen lassen.
Das Fleisch zurück in die Pfanne geben und durchziehen lassen,
gegebenenfalls nochmals nachwürzen.

Servieren

Den Weimarer Fleischtopf mit den Radieschenscheiben garnieren.
Dazu passen Petersilienkartoffeln oder Thüringer Klöße.

Merkzettel

Den Fleischtopf können Sie durch beliebige Fleischsorten und
Wurstarten ersetzen.

Wildentenragout

Für 4 Personen
Zubereitungszeit: 30 Minuten
Bratzeit: ca. 1¼ Stunden

Einkaufsliste/Zutaten

1 Wildente
Salz
Pfeffer
Jeweils 2 Nelken und Pimentkörner
2 Kohlrabi
2 Zwiebeln
Jeweils ½ Bund frisches Thymian, Majoran, Beifuß
2 El Butterschmalz
400 ml Wildfond
1 Glas Portwein
2 El saure Sahne

Garnierung

1 El gehackte Petersilie

Vorküche

Die Ente gut von innen und außen waschen, trockentupfen und in vier Teile zerlegen. Die Teile salzen und pfeffern. Nelken und Pimentkörner im Mörser zerstoßen. Die Kohlrabi schälen, von den holzigen Bestandteilen befreien, waschen und in kleine Stücke schneiden. Die Zwiebeln schälen und in kleine Würfel schneiden. Die Kräuter mit Küchenzwirn zusammenbinden. Den Backofen auf 120 °C vorheizen.

Zubereitung

Das Butterschmalz in einem Bräter erhitzen und die Ententeile darin goldbraun anbraten. Mit dem Wildfond ablöschen, die Gewürze und Kräuter dazugeben und im Backofen etwa 1 Stunde schmoren lassen. Dabei die Ententeile hin und wieder drehen. Nach dieser Zeit das Gemüse und die Zwiebeln dazugeben und alles weitere 20 Minuten schmoren lassen, bis das Gemüse bissfest ist. Das Fleisch aus dem Bräter nehmen und in Alufolie gewickelt warm halten. Jetzt auch das Kräuterbündel entfernen. Das Gemüse mit Portwein aufgießen, die Sahne untermischen und nochmals kurz aufkochen lassen. Mit Salz und Pfeffer abschmecken. Ist das Ragout zu dünnflüssig, mit etwas Mehlbutter binden. Das Fleisch von den Knochen lösen und in mundgerechte Stücke schneiden. Die Fleischstücke zu dem Gemüse geben und unterheben.

Servieren

Das Wildentenragout in eine Terrine füllen, mit der Petersilie garnieren und mit frischen Salzkartoffeln servieren.

Merkzettel

Das Wildentenragout können Sie auch mit anderen Zutaten anstelle der Kohlrabi, z. B. mit Esskastanien und Pflaumen oder auch Möhren, zubereiten.

Wildkaninchenschlegel mit Thymiankartoffeln

Für 4 Personen
Zubereitungszeit: 20 Minuten (ohne Wartezeit)
Koch- & Bratzeit: 25 Minuten

Einkaufsliste/Zutaten

4 – 6 Wildkaninchenschlegel

400 ml Weißwein

800 g fest kochende Kartoffeln

2 El Butterschmalz

Salz

Pfeffer

1 El Thymian

500 ml Sahne

2 El Crème fraîche

50 g geeiste Butter

Garnierung

1 El gehackte Petersilie

Vorküche

Das Fleisch waschen, trockentupfen und von überflüssigem Fett und Hautresten befreien. In eine Schüssel legen, mit 150 ml Weißwein begießen und im Kühlschrank etwa 1 Stunde marinieren lassen. Danach gut trockentupfen. Die Kartoffeln schälen, waschen und in etwa 4 cm große Stücke schneiden.

Zubereitung

Die Kaninchenschlegel im heißen Butterschmalz von allen Seiten kräftig anbraten. Mit Salz und Pfeffer würzen und mit dem restlichen Weißwein ablöschen. Bei mittlerer Hitze etwa 20 Minuten köcheln lassen. Zwischenzeitlich die Kartoffelstücke mit Thymian, Salz und Pfeffer in der Sahne gar kochen. (Vorsicht, die Hitze nicht zu stark werden lassen, da sonst die Sahne ausflockt.) Die Sahne sollte dabei so weit einkochen, dass eine cremige Konsistenz erreicht wird. Die Schlegel aus der Pfanne nehmen und in Alufolie gewickelt warm halten, ruhen lassen. Den Bratenfond mit Crème fraîche verrühren, kurz aufkochen lassen und mit der geeisten Butter binden.

Servieren

Die Wildkaninchenschlegel auf einer Fleischplatte anrichten, mit der Soße begießen und mit der Petersilie garnieren. Die Thymiankartoffeln in eine Schüssel füllen und zu Tisch bringen. Dazu einen gut gekühlten Weißwein reichen.

Zürcher Geschnetzeltes

Für 4 Personen
Zubereitungszeit: 20 Minuten
Koch- & Bratzeit: 25 Minuten

Einkaufsliste/Zutaten
500 g Kalbfleisch
1 Zwiebel
60 g Butter
4 El Weißwein
6 El Sahne
Salz
Weißer Pfeffer aus der Mühle

Garnierung
Frisch zubereitete Rösti

Vorküche
Das Kalbfleisch mit einem scharfen Messer in dünne, mundgerechte Streifen schneiden. Die Zwiebel schälen und fein würfeln.

Zubereitung
Die Butter in einer Pfanne erhitzen und das Kalbfleisch mit der gewürfelten Zwiebel darin anbraten. Unter Rühren bei starker Hitze das Fleisch rasch bräunen. Den Weißwein und die Sahne zugeben, alles mit Salz und Pfeffer würzen und nur kurz aufkochen lassen, damit das Fleisch nicht zäh wird.

Servieren
Noch heiß auf vorgewärmten Tellern anrichten und Rösti dazu reichen.

Merkzettel
Zur Verfeinerung kann man auch noch in Scheiben geschnittene Champignons mitdünsten.

Zwiebel-Fleisch-Pfanne

Für 4 Personen
Zubereitungszeit: 30 Minuten
Koch- & Bratzeit: ca. 20 Minuten

Einkaufsliste/Zutaten

750 g kleine Zwiebeln

2 Brötchen (vom Vortag)

1 Bund gemischte Kräuter

500 g gemischtes Hackfleisch

2 Eier

2 El Senf

Salz

Schwarzer Pfeffer aus der Mühle

1 Tl Kümmel

3 El Öl

250 ml Butter- oder Sauermilch

2 El Mehl

4 El Kondensmilch

Vorküche
Die Zwiebeln schälen. Die Brötchen in kaltem Wasser einweichen.
Die Kräuter waschen, trockenschütteln und fein hacken.
Aus Hackfleisch, Ei, ausgedrückten Brötchen, 1 El Senf, Salz,
Pfeffer und ½ Tl Kümmel eine geschmeidige Hackmasse zubereiten.
Mit feuchten Händen kleine Klößchen formen.

Zubereitung
Die Zwiebeln in etwa 500 ml leicht gesalzenem Wasser aufkochen
und in etwa 10 Minuten langsam gar köcheln lassen.
In einer Pfanne das Öl erhitzen und die Klößchen darin ringsum
braten. Die inzwischen gar gekochten Zwiebeln aus dem Sud heben,
abtropfen lassen und zwischen die Klößchen setzen. Die Kräuter
darüber streuen.
Buttermilch mit Mehl, Kondensmilch, 1 El Senf und
½ Tl gehacktem Kümmel gut verquirlen.
Eine halbe Tasse Zwiebelwasser dazurühren und die
Buttermilchmischung zu den Klößchen und den Zwiebeln geben.
Nochmals kurz aufkochen und bei geringer Hitze nochmals
etwa 5 Minuten köcheln.

Servieren
Servieren Sie die Zwiebel-Fleisch-Pfanne mit Salzkartoffeln,
Kartoffelbrei oder Kümmelbrot und sauren Gurken.

Merkzettel
Achten Sie darauf, dass das Schweinefleisch erst beim Kauf frisch
durch den Fleischwolf gedreht wird.

Register